ソーシャルワーク
4.0
Social Work

生成AIで変わる障害者支援の新しい形

株式会社パパゲーノ 代表取締役 **田中康雅**

SOGO HOREI PUBLISHING CO., LTD

謝 辞

　本書は 2024 年 10 月から実施したクラウドファンディングにて 104 名より 604,500 円の支援を受けて制作されました。特に次の皆さまについては、本書籍のスポンサーとしてご支援いただき、さまざまな面でご協力いただきました。

本書籍の公式スポンサーとしてご支援いただいた方

- 村下　千尋さん
- YMCA せとうち & 岡山ワイズメンズクラブさん
- 熊本　大樹さん
- 株式会社スタートラインさん
- 秋葉原内科 save クリニックさん
- 株式会社 GMSS ヒューマンラボさん
- オンラインサロン & はりきゅう処ここちめいど　米倉まなさん

　多くの方からのご支援や応援の声をいただき、とても励みになりました。一部を抜粋してご紹介します。

> 「合理的配慮に生成 AI を使うことが一般的になる日が来るのは近いと思いますが、この取り組みはそのブーストとして大いに力になると思います」

- 「創業当初からブレない想いのパパゲーノさん。その想いがどんどんとがって形になっているのが素敵です。引き続き応援します！」

- 「就労継続支援 B 型を運営していますが、ぜひ現場に取り入れていきたい活動です。本を通して、色々勉強させていただきたいです」

- 「いつも先駆的な取り組みに刺激を受けています。障害のある方と同じ目線で、私たちのもつ固定概念を破壊してくださる考え方、取り組みがとても素敵です。応援しています」

- 「福祉業界のデジタル推進や AI 活用については遅れており、裏を返せば可能性に満ち溢れていると感じています。支援や運営面だけではなく、福祉の受益者である方々が AI を活用することで QOL が上がることのヒントを、本書やパパゲーノ様の取り組みを通して学んでいけたらなと思っています」

- 「やすまささん、パパゲーノの活動は素晴らしいと思っています。障害者就労、就労継続支援のあり方を変える可能性がありますし、IT 化が遅れている業界でさまざまな取り組みをされていて応援しています」

■ 「やすまささんたちが作る AI による支援の可能性は、福祉の分野における非常に高い付加価値があると思っています。私は利用者としてお世話になっておりますが、AI そのものの活用と応用及びその進化づくりに励まれているおかげで、支援現場で創造的な働き方ができるようになっていて、これまで考えなかった生き方、働き方を考えるようになってきました。またピアサポート団体を自ら立ち上げるきっかけにもやすまささんが AI や Chat GTP をどう使えばバーンアウトを防いだ形で続けられるかを提案してくださって、活動にもメリハリがついています。著書の成功を心から願っております」

■ 「パパゲーノさんの名前に惹かれ、無理やり押しかけて見学をさせていただきました。その先進性に驚くとともに、設立に至るストーリーに感動しました。もちろんお仕事の精度も素晴らしく、ぜひ全国へと広がっていくことに期待します」

本当にたくさんの方に協力いただき、無事に1冊の本を完成させることができました。パパゲーノの挑戦を応援いただき、心より感謝いたします。

クラウドファンディングの Web サイトはこちら

https://for-good.net/project/1001291

はじめに

本当の意味での個別支援の時代

今、生成 AI を中心とした AI の社会実装が多くの産業に急速な変化をもたらしています。そして、障害福祉・障害者支援は AI の恩恵を最も受ける分野の 1 つだと僕は思います。

OpenAI の ChatGPT を初めて使ったとき、「障害者」という概念や「障害福祉」の常識が根底から変わるのではないかというくらいの衝撃を覚えました。

2024 年 5 月 13 日に発表された「GPT-4o（オムニ：omni）」では、視覚障害のある方がスマートフォンを自分の目の代わりにして街を歩くデモ動画が公開され、心が躍りました。

遠い未来の SF 映画のような世界ではなく、誰もが社会資源の 1 つとして AI を使いこなし、自分らしい挑戦をしていく社会が数年以内に現実化する話になっています。

専門知識がなくても AI が使えるようになった

AI や IT ツールの活用というと、「数百万円のお金がかかるもの」「IT の専門知識が必要で難しいもの」と身構えてしまう方も少なくないかと思います。

ですが安心してください。今では無料のサービスもあれば、月額数百円から数千円という安価なコストでAIを障害者支援に生かせるようになっています。

しかもITの専門知識や複雑なプログラミングは不要です。音声や文字、画像などで誰でも簡単にAIに指示を出し、使うことができます。つまり、**これまでITについてあまり詳しくなかった支援者の方も、障害当事者の方も、今日からAIを使うことができる**ということです。

AIによって変わるソーシャルワーカーの役割

生成AIを誰もが当たり前に使う社会において、**ソーシャルワーカー（障害のある方を支援する方）の役割は、従来の「計画作成・紹介役」から、個々のニーズに応じた社会資源を共に開発し、行動に伴走する「プロデューサー」に変わる**と僕は考えています。

本書では、このような新時代のソーシャルワークを「**ソーシャルワーク4.0**」と定義します。

ゼロリスク志向のルールで縛り、画一的な障害福祉サービスを提供する時代は終わります。これからは、個人ごとにAIを活用しながら社会資源を創り出し、行動に伴走していくソーシャルワーカーが求められると予測しています。

はじめに　7

従来のソーシャルワークとソーシャルワーク4.0の違い

	従来のソーシャルワーク	ソーシャルワーク4.0
回復モデル	リハビリテーション	リカバリー
支援の主題	「訓練」と「能力開発」	「環境調整」と「実践」
必要なスキル	医療福祉介護サービスへの援助要請力	AIなどあらゆるサービスへの援助要請力
役割	「思考」の代行者 (計画書を作り、支援に繋ぐ)	「行動」の伴走者 (目標に向けた行動に伴走する)
技術革新	インターネットによる「情報」の民主化	生成AIによる「知的生産」の民主化
イメージ	医者 学校の先生	パーソナルトレーナー プロデューサー
姿勢	ゼロリスク志向・受動的 (守りのソーシャルワーク)	許容可能なリスクを取る・能動的 (攻めのソーシャルワーク)

「名ばかり」の個別支援を「本当の意味」での個別支援に

就労継続支援B型のような障害福祉サービスを利用する際は、国のルールで個別支援計画という計画書を作ることになっています。ですが、**人手や時間が足りず、本当の意味での「個別支援」の実現を諦めている事業所が少なくない**のが現状です。

もし、生成AIを使いこなすソーシャルワーカーが「名ばかりの個別支援計画」を本当の意味での「個別支援計画」に変え、障害のある方の希望を形にしていけるとしたら、少しワクワクしませんか?

例えば、「絵本を作りたい」という人がいたら、物語の構想からイラストの作成、出版までの計画を立て、足りない力を補い、絵本を形にすることができます。

「デスクワークに必要なスキルを身につけ企業に就職したい」という人がいたら、関数や GAS（Google Apps Script）など企業の実務で求められるデスクワークスキルを学ぶ計画を立て、履歴書を作り、模擬面接を重ねて、内定を取り企業に就職し活躍するまで伴走することができます。

「寝坊したとき、自分の位置情報をもとに関係者に通知できるアプリを開発したい」という人がいたら、アプリの設計、技術選定、開発の計画を立て、アプリを形にすることができます。

「障害年金＋フリーランスとしての稼ぎで暮らせるようになりたい」という人がいたら、フリーランスとして仕事をするために、開業届や確定申告など税務面の必要な知識や、仕事を受注して納品するのに必要なスキルを実践的に学び、フリーランスとして活躍するための支援をすることができます。

「自分と似た境遇の人の力になれる複合疾患者向けのピア団体を立ち上げたい」という人がいたら、ピア団体のビジネスモデルや事例をまとめて事業計画や運営方針の計画を立て、仲間を集め、運営していく支援をすることができます。

生成AIを社会資源として使いこなすソーシャルワーカーが障害のある方に伴走していくことができたら、このような未来が待っているのです。

「新しい障害者支援の形」を広めるために

　僕たちは、2023年9月1日に東京都より「就労継続支援B型（障害福祉サービス）」の指定を取得し、「パパゲーノWork & Recovery（ワーク・アンド・リカバリー）」を日本一大きな精神科病院である都立松沢病院が建つ八幡山駅の近くで開所しました。

　障害のある方を対象に、生成AIを活用してまさに上記のような支援を実践してきました。

　2025年2月時点で利用希望のお問い合わせは300名以上の方からいただき、約50名が在籍しています。

　うまくいかないこともたくさんありますが、1人1人の挑戦に伴走して、リカバリー（自分らしい生き方の探究）の旅を共に歩んでいます。

　パパゲーノWork & Recoveryで生成AIを活用し利用者さんのリカバリーを応援している話を共有すると、多くの支援者さんから「パパゲーノさんだからできるんですよ」と返ってきます。「生成AIを使えば、誰でもできますよ」と言うと、今度は「うちのスタッフはパソコンを使えない人たちだから」「うちは理事がITにうといからAIとかは導入できません」と。

僕がこの本を書こうと思ったのは、AI を活用した障害者支援の事例や考え方を広く共有し、**障害のある方のリカバリー**（自分らしい生き方の探究）**を支援する「新しい障害者支援の形」を広めるため**です。

　社会資源として有用な AI を使わずに支援の選択肢を狭めるのは非常にもったいないことだと思います。

　ソーシャルワークは時代ごとの最適解を追及する社会科学です。AI が社会を大きく変えたのなら、ソーシャルワークも AI 時代に合った形に変化するのが必然です。

　実際に新しいテクノロジーを障害福祉に取り入れ、支援現場で生かしている実践知を学ぶことで、現場で生成 AI を活用する支援者さんが 1 人でも増え、「リカバリー」の輪が広がる一助となることを心から願っています。

2025 年 3 月
株式会社パパゲーノ代表取締役
田中　康雅（やすまさ）

目次

謝辞 ··· 2

はじめに　本当の意味での個別支援の時代 ··· 6

専門知識がなくてもAIが使えるようになった ··· 6

AIによって変わるソーシャルワーカーの役割 ·· 7

「名ばかり」の個別支援を「本当の意味」での個別支援に ················ 8

「新しい障害者支援の形」を広めるために ·· 10

第1章　生成AIで変わる障害福祉の常識

著者による自己紹介 ·· 20

はじまりは1冊の絵本制作 ·· 23

就労継続支援B型とは？ ··· 26

障害福祉サービスのうち総費用額が多い5つの種別 ························· 27

パソコン仕事ができる就労継続支援B型は7.5% ··························· 28

平均工賃月額は約2万円 ··· 30

生成AIで「他者貢献」と「自分らしさの追求」を広げる ············· 31

全方位フルボッコで反対されてばかりのスタート ······················· 31

パパゲーノWork & Recoveryの特徴 ··· 33

週1日1時間から働くことができる ··· 34

1日の流れ ·· 35

工賃支給額と工賃に対する満足度 ··· 36

支援員の7原則 ··· 37

就労継続支援B型での生成AI活用事例 ·· 39

障害のある方の生成AI活用事例 ··· 39

支援者による生成AI活用事例 ···················· 40

AIは選択肢を増やす「社会資源」 ···················· 43

AIの活用は今日からできる！ ···················· 45

第**2**章　　　　**そもそもAIとは？**

なぜ生成AIブームは起きたのか？ ···················· 48

生成AI関連サービスが急速に普及した2つの理由 ···················· 49

AIとは何か？ ···················· 51

身近なAIはSNSやECサイトのおすすめ商品 ···················· 52

AIが得意な3つのこと ···················· 55

①パターン認識 ···················· 55

②個別化した提案 ···················· 56

③生成 ···················· 57

AIの限界と課題 ···················· 59

①AIは嘘をつく（ハルシネーション） ···················· 59

②AIは偏見を強める ···················· 65

③AIの学習データに使われる懸念がある ···················· 67

④倫理と責任の所在 ···················· 69

⑤AIへの依存による人間の主体性損失 ···················· 70

これからはAIと働くことが常識になる ···················· 72

AIを活用している企業は年々増えている ···················· 74

AIで就労困難者が活躍できるようになる ···················· 76

AIは人間よりも共感力が高い？ ···················· 78

AI時代に求められるスキル ···················· 78

AIを使いこなすソーシャルワーカーの時代 ···················· 79

AIと障害者研究の現在地 ···················· 80

第3章 対話から考える生成AIの可能性

AIに対する援助要請力を高めて、障害があっても自分らしく生きる

👤 パパゲーノ Work & Recovery ふきさん 84

ChatGPTを障害特性の理解や対人関係の悩み解消に活用 85

AIはマラソンで隣を走ってくれる伴走者のような存在 87

AIに対する援助要請力を高め、社会資源として活用する 90

カウンセリングを受ける費用を考えれば月3,000円は安い 92

完璧な人がいないのと同じで、完璧な機械はない 94

**精神疾患による「脳の機能障害」は、人間の脳を真似して作られた
AIの力で補える** 👤 ゴロゴロシステムズ 井之前辰信さん 98

一人でも多くの心の労働負荷の削減に寄与したい 99

休職とコロナ禍をきっかけにフリーランスエンジニアに 100

在宅勤務だから車の運転や対人関係が苦手でも働けた 102

生成AIでコードの下書きや文章の下書きを生成する 103

精神疾患の認知機能障害を生成AIは補完できる 105

ChatGPTをメンタルケアに使うのは難しい 107

生成AIの活用は知的好奇心と指示のテンプレ化が鍵 108

**解離性同一性障害・発達障害の特性をAIで補いWebデザインの
仕事をする** 👤 パパゲーノ Work & Recovery みあさん 111

パパゲーノの「フラットさ」に驚いて働き始める 112

ストレスがかかると解離して人格が入れ替わる障害 114

どの人格でもAIを使えば一定の仕事ができるかもしれない 116

ChatGPTは全然万能じゃない情報処理ツール 120

AIは感情がないから何度聞いても怒らない 121

周囲の人から「感謝された経験」があまりなかった 123

病気の症状を「悪いところ」ではなく「課題」と思えるように 125

障害者のいない「健常者の国」を作ったらどうなる？ 127

AIを鏡に、哲学と精神疾患を考える 📖 ジルベルト TAKAHIRO さん ········ 130

入院していた方のほうが社会性があると気づき病院へ ········· 131

神戸の就労継続支援A型で東京の自宅から在宅で働く ········· 132

利用者が無理なく働ける範囲で徐々にステップアップ ········· 134

就労継続支援A型で働きながら、副業でYouTubeを始める ········ 135

「ナラティブ」の重要性を学問したい ········· 137

疾患の名前はあっても、どう生きるかは「個別」の問題 ········· 139

「こう生きれば幸せだ」といった指針がない時代 ········· 141

AIによって再定義されるソーシャルワーカーの役割 ········· 145

精神疾患や生きづらさを感じている人に勇気や希望を与えたい
📖 みるくまのしっぽさん ········ 149

保育士やコンカフェ嬢をしながらSNSで活動 ········· 150

精神疾患や生きづらさを感じている人に勇気を与えたい ········· 151

双極性障害、不安症、複雑性PTSDで苦しんだ経験 ········· 153

生成AIをYouTubeやTikTokの発信活動に活用する ········· 155

将来はSNSの活動で食べていけるようになりたい ········· 157

第**4**章 **生成AIによる支援現場のDX実践**

パパゲーノが導入しているサービス一覧 ········ 162

「AI支援員」を採用した結果、月に20万円分の働きをした ········· 163

パパゲーノの「AI支援員」が実行している業務 ········ 166

日々の職業指導（仕事相談BOT） ········· 166

面談・電話相談の記録作成 ········· 168

個別支援計画の下書き作成 ········· 168

月次サマリーの作成 ········· 169

ケース会議などの会議録作成 ········· 169

最近来ていない人BOT ········· 169

AIを支援現場で活用するはじめの一歩 171

障害福祉施設のDXの鍵はオフィスソフトの有効活用 171

第一歩は関数をAIに組んでもらうことから 172

APIでAIを動かすならGASが便利！ 172

個人情報保護のために必要な準備 174

【STEP1】個人情報に関する同意取得の体制作り 174

【STEP2】利用するWebサービスの利用規約や事例の確認 175

【STEP3】学習データに使われないように設定する 177

【実践1】オリジナルのAI相談チャットを作る 178

【STEP1】ChatGPTの右上から「マイGPT」を選ぶ 178

【STEP2】「指示」にAIへの指示を入力する 179

【STEP3】「知識」にPDFをアップロードする 181

【STEP4】プレビュー欄で質問して回答の精度を確認する 182

【STEP5】「作成する」をクリック 183

【実践2】日報から月次サマリーを作成する 186

【STEP1】日報データをデジタル化する 186

【STEP2】1ヵ月分の日報データをAIに読み込ませて要約 186

【実践3】電話・面談記録の作成 189

【STEP1】電話や面談の音声データを収集できるようにする 189

【STEP2】録音データをもとにAIで文字起こしする 190

【STEP3】文字起こしデータを元に支援記録を生成する 191

【実践4】支援者の面談や支援計画のスーパーバイズ 194

【STEP1】面談音声の録音 194

【STEP2】面談音声データをAIで文字起こし 195

【STEP3】ChatGPTにスーパーバイズを依頼 195

【実践5】SSTなどイベントの企画・運営 198

利用者のニーズ分析 198

アイデア出し 199

企画書の作成 199

実施後のフィードバック収集と次回への反映 199

【実践6】シフト調整・物品管理 200

【実践7】面接の練習・模擬面接 201

【STEP1】ChatGPT の音声会話機能を起動する 201

【STEP2】面接の前提条件を伝える 201

【STEP3】面接を実施する 203

面談時の表情や目線を評価してもらうこともできる 203

第5章 ソーシャルワーク4.0

従来のソーシャルワークとソーシャルワーク4.0の比較 206

ソーシャルワークとは？ 207

ソーシャルワーク「ではないもの」とは何か？ 208

リカバリーとは？ 211

リカバリーの3つの要素 212

ソーシャルワークは究極の社会科学 215

ソーシャルワークの変遷 216

日本のソーシャルワークを取り巻く社会環境の変化 216

4つの分類でみるソーシャルワークの変遷 218

ソーシャルワーク1.0【医学モデルの時代】 219

ソーシャルワーク2.0【社会モデルの時代】 220

ソーシャルワーク3.0【意思決定支援と紹介の時代】 221

ソーシャルワーク4.0【行動の伴走者の時代】 222

第6章 障害福祉業界のDX・AI活用の現状

障害当事者のAIの活用状況と捉え方 228

生成AIを使って自分の可能性が広がったと感じたこと ……… 228

生成AIを使って不安に感じたこと ……… 230

障害福祉はもっともDXが遅れている業界 ……… 232

支援者の70.5%はほぼ毎日仕事でPCを利用 ……… 233

支援記録は18.8%が紙、36.5%がオフィスソフトを利用 ……… 234

40%が勤怠を紙に手書きして集計 ……… 235

46.5%が利用者への工賃支払いが「現金手渡し」 ……… 236

34%がチャットツールを導入していない ……… 236

ITスキル研修は78.8%が実施していない ……… 237

ChatGPTなどのAI（LLM）は81.8%が使っていない ……… 238

ITツールを活用して解決したい課題 ……… 239

障害福祉施設で働く人のリアルな声 ……… 240

IT・AI活用で従業員満足度は上がるのか？ ……… 242

AIを手軽に使えて自治体の独自ルールに対応できるように ……… 244

おわりに　リカバリーの社会実装に向けて ……… 246

AIは単なる効率化ツールではなく社会資源 ……… 246

「AIを使えば、あの人のできることを増やせるかも？」 ……… 247

本書が小さな実践につながることを願って ……… 248

AI用語辞典 ……… 250

参考文献・関連リンク

ブックデザイン／木村勉
DTP・図表／横内俊彦
校正／菅波さえ子
編集／市川純矢

第**1**章

生成AIで変わる
障害福祉の常識

まずはAIが障害者支援において果たす役割を体感していただくために、パパゲーノの創業、障害福祉施設の設立、生成AIを活用した就労支援の実践、AIを活用した福祉支援アプリ「AI支援さん」の開発に至った経緯をご紹介します。

第1章で考える問い

- 著者の「やすまさ」とは何者？
- パパゲーノとはどんな会社？
- 生成AIを支援現場で活用しているのはなぜ？
- 現場ではどのように生成AIを実践している？

著者による自己紹介

　まずは自己紹介をします。「パパゲーノ」という会社の代表を
している田中康雅です。「やすまさ」と呼ばれています。

　今は就労継続支援B型事業所「パパゲーノ Work & Recovery」
の職業指導員をしているのですが、これまで対人援助の経験は全
くありませんでした。

　社会人1年目（22才）からこれまでの7〜8年間の社会人生活で
やってきたことは次ページの表の通りです。

　ヘルスケア分野の DX（デジタル・トランスフォーメーション）、AI や
IT 関連のスタートアップ、公衆衛生学の知見はありましたが、
障害福祉施設での実務経験や臨床経験はないことがわかるかと思
います。

　そんな新米支援員・駆け出しソーシャルワーカーであり、「<u>よ
そ者</u>」「<u>若者</u>」「<u>馬鹿者</u>」の僕が障害福祉施設をゼロから創り、悩
みながらも支援現場に立って、目の前の人の「リカバリー」に心
を尽くし、AI を活用してきた知見をこの本に凝縮して届けたいと
思います。

著者のこれまでの経歴	
22才	・医師紹介会社で産業医紹介事業の立ち上げ ・個人事業主として開業
23才	・株式会社iCAREに転職（企業の健康管理システムの導入支援や事務代行）
24才	・小規模事業の個人M&A ・副業の情報発信で産業保健業界から認知されるようになる
25才	・15名規模の開発チームで健康診断Web予約サービスの開発を牽引 ・メンタルヘルス関連のクラウドファンディングで131万円を調達
26才	・神奈川県立保健福祉大学大学院ヘルスイノベーション研究科に入学 ・株式会社エクサウィザーズに転職（歩行解析AIアプリのPMM） ・日本初のメンタルヘルスに特化したビジネスコンテストを主催 ・エクサウィザーズが上場 ・株式会社パパゲーノを2022年3月2日に共同創業 ・企業向けDX支援事業を開始 ・アートNFTプロジェクト「100 Papageno Story」を開始
27才	・「NHKニュースおはよう日本」に出演 ・2022年12月に就労継続支援B型を開所することを決断 ・パパゲーノが「神奈川県立保健福祉大学発ベンチャー」に認定 ・Netflixの人気作品の視聴と自殺リスクの関係性を分析し論文執筆 ・公衆衛生学修士号取得 ・日本福祉教育専門学校（精神保健福祉士コース）に入学
28才	・2023年9月にパパゲーノ Work & Recovery（就労継続支援B型）を開所 ・メンタルヘルス・アイデアソン2023を開催 ・2024年3月にAI支援記録アプリ「AI支援さん」をリリース ・2024年6月に福祉介護施設を124事業所運営する上場企業と資本業務提携 ・杉並区でAI支援さんの導入と事例検討会での実証実験を開始 ・東京都からの委託で特別支援学校でのAI講習を開催 ・第31回日本産業精神保健学会：AI時代と産業精神保健の新しいパラダイム 　～産業医学の聖地からの発信～に登壇
29才	・AI福祉ハッカソン2024を開催 ・相談支援事業所向けAI支援記録アプリの実証実験を開始 ・就労継続支援B型のIT活用と従業員満足度の関連の調査報告を発表 ・本書を執筆 ・日本福祉教育専門学校を卒業 ・パパゲーノ Work & Recovery（就労継続支援B型）の2施設目を開所予定

・**株式会社iCARE**：企業の健康管理業務をIT技術によって支援し、従業員のヘルスケアを充実させる取り組みを行うスタートアップ企業。Carelyというソフトウェアを産業医、保健師、人事担当などに向けて提供している。

・**株式会社エクサウィザーズ**：AIを活用して社会課題を解決することを目指す日本のスタートアップ企業。介護・医療、人材不足など日本が直面するさまざまな課題に対して、AIを活用した企業や自治体のDX支援、自社製品の開発などを行っている。

・**PMM**：「プロダクトマーケティングマネージャー」の略。ユーザーの求めているプロダクト（ソフトウェア）の要件とビジネスモデルをつなぎ合わせる役職。

なお、著者の経験上、本書は以下の2点で情報や視点に偏りがあることは否めません。予めご了承ください。

①主に就労継続支援B型、就労支援のDX事例を中心にしていること
②主に精神障害、発達障害のある方の支援現場を想定していること

　もちろん、就労継続支援B型以外の障害福祉サービスに関わっている方にとっても汎用的な学びは得られると思います。身体障害、知的障害のある方の支援にも応用できる部分は多分にありますが、限られた経験から執筆しているため視点の偏りがある点はご了承いただければと思います。

はじまりは1冊の絵本制作

パパゲーノは20代の若者3人で2022年3月2日に設立した会社です。

「メンタルヘルス分野で社会から求められている挑戦をしていきたい」という想いで、株式会社 iCARE 時代の同僚でマーケティング・Web 開発の専門性が高い福田恵人さんと、介護福祉系スタートアップへの豊富な投資経験を持つ大学時代の同期の熊本大樹さんを誘って創業しました。

実は創業時点での事業内容は未定で、「メンタルヘルスにとにかく貢献したい」という想いだけで福田さんと熊本さんを説得しました。

会社設立直後、すぐに2つの事業を立ち上げました。

1つは企業の DX・マーケティングを支援する事業です。

僕たちの専門スキルを生かして、精神科医療機関向けの電子カルテ事業の業務改善や、就労移行支援事業所のオンラインプログラムの企画・制作などを支援していました。

第1章　生成 AI で変わる障害福祉の常識

もう1つは<u>**メンタルヘルスとアート**に関する事業</u>です。

　統合失調症で閉鎖病棟に入院した経験のある佐賀県にお住まいのかけるんさんとの絵本制作を始めました。

　同じく統合失調症で繊細なイラストを描くのが得意な kaede さんとコラボして、何度も企画会議を重ねて1冊の絵本「飛べない鳥のかけるん」を完成させました。

完成した絵本「飛べない鳥のかけるん」

　当事者の語りを絵本や音楽などの形にすることで、物語が誰かの力になることを目指しました。

　Canva というデザインツールを活用して絵本原稿を作成したり、Discord というツールで日々チャットやビデオ通話で企画会議をしたり、NFT を活用して絵本の挿絵を販売したり、CAMPFIRE

を利用したクラウドファンディングで65人の方から390,500円をご支援いただく裏方のサポートをしたり、弁護士と調整しながら契約・知的財産権の管理をしていました。

　かけるんさんはグループホームに住み、日中は就労継続支援B型に通所して生活保護と就労継続支援B型の工賃で生活していました。kaedeさんも就労継続支援B型に通所していました。

　障害福祉に触れた経験が全くなかった僕にとっては、かけるんさんが1人目の生活保護を受給している知人でした。毎週の会議を通して話を聞いていくなかで、「障害福祉」を初めて身近に感じる機会となりました。

　そして、かけるんさんの、
「**今の福祉は障害当事者のリカバリーを軽視しているのではないか?**」
「**パソコンを使った仕事ができる就労継続支援B型がないから作ってほしい!**」
　という提案を受けて、自社で就労継続支援B型「パパゲーノWork & Recovery」を開所するに至ります。

第1章　生成AIで変わる障害福祉の常識　25

就労継続支援 B 型とは？

これまでに何度かお伝えしてきた就労継続支援 B 型とは、**障害により企業で働くことが困難な方**（「利用者」と呼びます）が、**支援を受けながら働く施設**のことです。全国に約 1.5 万もの事業所があります。

入院していた方や自宅で引きこもっていた方が地域で暮らすうえでの日中の居場所としての機能や、仕事を通して他者や社会と接点を持つ機会を提供する機能があります。

サービス等利用計画という書類を作成して自治体に申請し、受給者証を取得したら利用することができます。

就労継続支援 B 型について、聞き馴染みがない方も多いと思いますが、**障害福祉サービスのなかで就労継続支援 B 型は 2 番目に大きな予算規模**を占めており、障害のある方にとって身近な社会資源の 1 つです。呼び方はさまざまあり、就労 B、就 B、作業所などと呼ばれています。

Google マップで検索してみると、お住まいの場所の近くにもいくつか就労継続支援 B 型事業所があるかと思います。

> 障害福祉サービスのうち総費用額が多い5つの種別

①生活介護：25.6%（8,143億円）

②就労継続支援B型：13.9%（4,432億円）

③放課後等デイサービス：12.9%（4,102億円）

④共同生活援助（介護サービス包括型）：8.8%（2,786億円）

⑤居宅介護：7.1%（2,264億円）

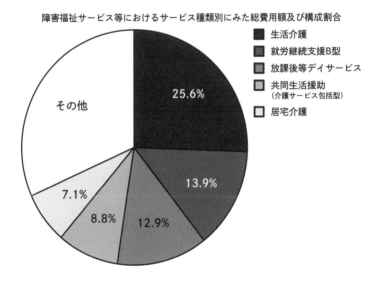

障害福祉サービス等におけるサービス種類別にみた総費用額及び構成割合

（出所　厚生労働省：障害福祉行政の最近の動向「令和6年度報酬改定を中心に」）

> パソコン仕事ができる
> 就労継続支援B型は7.5%

　全国に約1.5万事業所ある就労継続支援B型のうち、**パソコンを使った仕事（データ入力、Web制作など）ができる事業所は「7.5%」しかない**と令和5年の就労継続支援事業における生産活動の活性化に関する調査研究で報告されています。

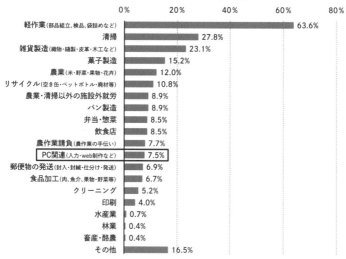

就労継続支援B型が取り組んでいる生産活動(n=3810)

※A型とB型の多機能、事業種別「その他」の事業所を除く

（出所　厚生労働省：就労継続支援事業における生産活動の活性化に関する調査研究）

つまり、「92.5%」の事業所は軽作業や農作業、パンやお菓子づくり、清掃作業などをしているということです。

仕事でパソコンやスマートフォンを使うことは当たり前になりつつあり、障害者雇用においてもパソコンを使ったデスクワークの機会が多い一方で、就労継続支援B型にはその機会が非常に少なく、需要に対して供給が足りていない現状があります。

実際に就労継続支援B型に通う利用者さんにインタビュー調査をすると、次のような声がありました。

- 「事務職を募集している障害者求人」が多いにも関わらず、「事務作業ができるB型事業所」は少ない
- パソコンを使った仕事がしたいけど、近くにそんな夢みたいな事業所はないので軽作業系のB型に通所している
- 生活保護の自治体窓口で「生活保護を続けたければB型に通え」と言われたので、仕方なくやりたくない作業をしている

障害当事者が求めている一方で供給が足りない理由を探るために、全国の支援現場や自治体を走り回りました。

その結果、IT系の就労継続支援B型に通いたいというニーズは多いが、障害福祉業界にはITスキルのある人材が少なく実現できていないということや、パソコン作業をしているとアピールされていても、いざ利用してみると実態としてはほとんどパソコン仕事をしていないケースが多いことがわかりました。

平均工賃月額は約2万円

　障害のある方が作業の対価として受け取る「工賃」の安さが就労継続支援B型の業界課題といわれます。令和4年度の就労継続支援B型の平均工賃月額は17,031円でした。時給は243円です。

令和4年度の平均工賃(旧計算方式)

施設種別	平均工賃(賃金)		施設数(箇所)	令和3年度(参考)	
	月額	時間額		月額	時間額
就労継続支援B型 (対前年比)	17,031円 (103.2%)	243円 (104.3%)	15,354	16,507円	233円
就労継続支援A型 (対前年比)	83,551円 (102.3%)	947円 (102.3%)	4,196	81,645円	926円

(出所　厚生労働省:令和4年度工賃(賃金)の実績について)

　工賃のデータを読み解くうえでは、2点注意が必要です。1つは生活保護を受給していると月1.5万円以上稼いでも併給調整により手取りが増えないということです。そのため1.5万円以内に抑えて就労継続支援B型を使っている利用者も多いです。

　もう1つが平均工賃の計算式です。これまでは日数や作業時間が短い人がいるほど、平均工賃月額も下がるようになっていましたが、実態に合わせた形に変更されています。神奈川県では、2025年の平均工賃月額の実績が旧来の計算方法だと「15,855円」で、新しい計算方法だと「21,661円」と報告されています。

生成AIで「他者貢献」と「自分らしさの追求」を広げる

　ヘルスケア系のIT企業出身であり、なおかつ精神疾患当事者と多様なアートプロジェクトを運営していた僕たちにとって、「テクノロジーを最大限活用した就労継続支援B型を創ること」は、社会から求められていることでありながら、まさに強みが重なる領域なのではないかと考えるようになりました。

全方位フルボッコで反対されてばかりのスタート

　しかし、
「日本で1番、リカバリーを体感できる就労継続支援B型を東京で作りたい」
「日本で1番、支援現場のDX/AI活用を実践し、新しい障害者支援の形を模索する障害福祉施設を作りたい」
　と言うと、多くの人から笑われました。

　障害福祉施設で働く支援者さんからは、
「ITを使ったB型とかリカバリーとかIPSとか、何十年も前から言われていることだし、やる意味ないですよ」
　と言われました。

第1章　生成AIで変わる障害福祉の常識

「IT企業出身の田中さんに障害福祉は無理だと思いますよ」

「この業界を荒らしてほしくないので、出ていってください」

とアドバイスされることも少なくありませんでした。

起業家の友達からは、

「なんで、そんなに大変そうな市場に挑むの？」

と驚かれたこともありました。

そんなの誰も求めていないし、もったいないと。

普通の人なら、こんなにも全方位からフルボッコの助言をされたら「障害福祉なんてやるもんじゃないな」と感じて辞めてしまうでしょう。

それでも諦めきれなかったのは、絵本を一緒に作ったかけるんさんや kaede さんが求めていた障害福祉サービスを作れば、きっと誰かの役に立つはずと信じられたからです。

- 日本で1番、「リカバリー」を大切にした支援を実践していく

- 日本で1番、指定取得や経営の難易度が高い「東京」で就労継続支援B型を開所する

- 日本で1番、精神科病床数の多い「都立松沢病院」の近くで開所する

- 日本で1番、AIやテクノロジーを活用し障害のある方の可能性を広げる支援を実践し広める

この4点を意識して、障害福祉のDX・AI活用の知見が日本で1番凝縮された障害福祉施設を東京に設立して運営していこうと2022年12月に決めました。

そこから、**東京の全ての障害福祉課に電話して地域ニーズを確かめたり、全国50以上の障害福祉施設を訪問して支援現場の実情を学ばせてもらったりしました。**

そして、運良く見つかった物件を契約し、サービス管理責任者を採用し、100ページ以上の事業計画を書き、東京都から2023年9月に就労継続支援B型「パパゲーノ Work & Recovery」の指定を取得し、無事に開所することができました。

パパゲーノ Work & Recovery の特徴

パパゲーノ Work & Revovery は東京都より指定を受けた就労継続支援B型事業所です。

企業から受託した営業事務、ライティング、Web デザインなどの仕事を約50人の利用者と6人のスタッフ（支援者）で運営しています。

統合失調症、うつ病、双極性障害、発達障害（ASD / ADHD / LD）、高次脳機能障害、場面緘黙症、解離性同一性障害、てんかん、アルコール依存症、不安障害などの医師の診断がついており、障害により就労が難しい方が支援を受けながら働いています。

利用者の約半数は生活保護を受給しています。

第1章　生成AIで変わる障害福祉の常識　33

年齢は10代の方から60代の方までさまざまです。初めてパソコンを使った仕事をする方もいればパソコンが得意な方もいます。

パパゲーノ Work & Recovery(就労継続支援B型)の役割

週1日1時間から働くことができる

通所日数や作業時間も人によりけりです。1日1時間以上集中力を維持するのが難しい方もいれば、週5日・1日5〜6時間作業できる方もいます。

睡眠や生活リズムの問題で午後から通所している方も少なくありません。平均すると週3日ほど通所している方が多いです。

1日あたり20名ほどが稼働しており、平均すると1日4〜5人

が体調不良で欠席や早退をしています。月の通所日数目標の分布は次のグラフの通りです。

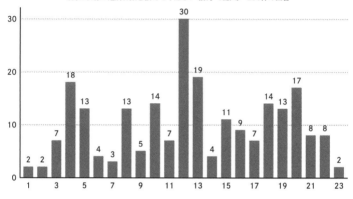

利用者の目標通所日数の分布：月別
（パパゲーノ Work & Recovery）

今月の目標の通所日数を教えてください（数字で記入）　230件の回答

1日の流れ

スタッフ6名は9:00〜18:00の勤務で、利用者は最大で9:30〜16:30までの勤務です。

出勤したらiPadで打刻し、自分のパソコンをとって空いている机に座り、体調チェックのWebフォームに回答していただきます。

10:00〜15:00は企業のDX業務を実施して、16:00以降は自己学習の時間を取れるようにしています。

パパゲーノ Work & Recoveryの1日の流れ

9:00〜 9:30	スタッフの朝会(業務分担・面談・見学確認)
9:30〜10:00	出勤打刻・体調チェック
10:00〜12:00	生産活動(企業のDX業務)
12:00〜13:00	お昼休憩(各自)
13:00〜15:00	生産活動(企業のDX業務)
15:00〜16:00	自己学習(自由に色々なことに挑戦)
16:00〜16:30	日報記入・退勤打刻
16:30〜17:00	スタッフ作業時間
17:00〜17:30	スタッフの夕会(利用者の支援方針決定)
17:30〜18:00	スタッフ作業時間・帰宅

工賃支給額と工賃に対する満足度

　パパゲーノの場合、工賃は時給200円、400円、600円の3つの水準があります。月の平均通所時間は44時間50分ほどです。<u>工賃が1番高い方で月6〜7万円ほど稼いでいます。</u>

【2024年11月の工賃データ】

● 工賃支給対象：46人

● 支給総額：721,878円

● 平均月通所時間：44時間50分

● 1人あたり工賃：15,693円

● 平均工賃月額：29,226円

次のグラフは、「工賃への満足度」と「工賃の支給金額」をまとめたものです。点の色は生活保護の受給有無を示しています。

工賃支給額が低くても工賃に対する満足度が高い方が多く、単純な相関関係ではないということがわかるかと思います。

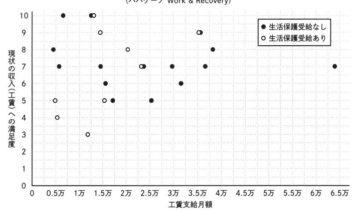

支援員の7原則

ちなみに、パパゲーノで働く支援員は次の**7つの原則**を大切にしています。

①他者貢献＆自分らしさの探求を重視する
②利用者の自分らしい生き方の回復を第一に考える

③疾患名や属性でカテゴライズせず、その人を見て理解する
（一般化しない）

④PC作業だからこそ、通所時の挨拶や声かけも大切にする

⑤本人のいないところで勝手に決めない

⑥課題ではなく「できること」に目を向ける

⑦ルールを限界まで減らし自由に挑戦できる環境・風土を作る

理論的背景として次の考えがあることもお伝えしておきます。

- **リカバリー**：Workはお金を稼ぐことではなく他者に貢献し感謝されること／労働者育成のための支援ではなく「リカバリーに向けた支援」／「リハビリテーション」ではなく「リカバリー」／「パターナリズム」ではなく「リバタリアン・パターナリズム」

- **ストレングスモデル**：課題でなく強み、得意、好きに目を向ける

- **社会モデル**：障害は個人ではなくその人が生きる社会環境にある

- **IPS**：挑戦したい、働きたいという想いから誰も排除しない

- **ネットプロモーター経営**：友達や家族に心からおすすめしたいサービスを創る

就労継続支援B型での
生成AI活用事例

　営業事務・ライティング・デザイン・動画編集などの仕事を受注して、障害のある方が実施できるよう環境調整にAIを活用したり、面談音声から自動的に支援記録ができる仕組みを作ったり、日報から月次報告書を自動生成する仕組みを作ったり、AI支援員を作ったりと、ITツールやAIを活用してできそうなことはひたすら挑戦していきました。

　具体的な、
「障害のある方の生成AI活用事例」
「支援者による生成AI活用事例」
　として、あくまで一例ですが次のようなものがあります。

障害のある方の生成AI活用事例

■ 対人不安で業務の報告、連絡、相談が苦手だった方や、ASDや確認不安により何度もスタッフへの質問を繰り返し作業が進まなかった方が、業務マニュアルを読み込ませたAI（仕事相談BOT）を使いチャットで疑問を解消したことで活躍できるようになった

第1章　生成AIで変わる障害福祉の常識　　39

- 相手の意図や背景を想像するのが苦手で攻撃的なコミュニケーションをとりやすかった方が、AIに壁打ちすることで背景の理解を深めて円滑なコミュニケーションを取れるようになった

- 不動産業界の知識が全くない方が、ChatGPTに壁打ちしながら不動産会社向けのメルマガを作成し、ABテストの結果を踏まえ改善していけるようになった

- 文章読解が苦手な方が、企業の広報担当が書いたプレスリリースに改善提案をできるようになった

- デザイン初学者の方が、デザイン4原則と基礎的なCanvaの使い方を学び、AIに壁打ちしながら電車広告のデザインやマーケティングの仕事を担当し対応できるようになった

- パソコン初学者の方が、ChatGPTや画像生成AIを用いてオリジナルの絵本を制作できるようになった

支援者による生成AI活用事例

- 業務のマニュアルを読み込ませたAI（仕事相談BOT）を作ることで、自分で質問できる方の質問回答はAIに任せて、より手厚いケアが必要な利用者の支援やリカバリーに向けた個別支援にコミットできるようになった

■面談や電話、ケース会議の音声を録音するだけで支援記録が自動生成できるようになった

■面談記録を AI が即時作成することで、相談室で話していた内容をリアルタイムに全てのスタッフが把握してその日の支援に生かすことができるようになった

■面談の音声をもとに支援計画や支援方針の叩き台を生成し、円滑に支援計画を作れるようになった

■日報、打刻（勤怠）、体調、NPS（Net Promoter Score）を 1 ヵ月分まとめた月次報告書を自動生成し 1 ヵ月の PDCA を回すことができるようになった

■膨大な支援記録のデータから利用者のニーズをより正確に把握し、的確なアセスメントと支援方針の提案ができるようになった

■事務作業の時間をなくすことで、面談の実施回数や利用者とのコミュニケーション量、関係機関との連携を増やすことができるようになった

　これらは全て、生成 AI を活用したことによる事例です。
　支援員として現場に立ち、さまざまな利用者さんと仕事をする

第 1 章　生成 AI で変わる障害福祉の常識　　41

なかで、生成AIが個人の可能性を広げると心底実感しています。「病気だから」「障害者手帳を持っているから」「生活保護だから」といった理由で、本人も、周囲の支援者も諦めてしまっていた挑戦を形にできるのです。

『令和5年版　障害者白書』によると、日本には身体障害者が436万人、精神障害者が614.8万人、知的障害者が109.4万人いるとされています。

　これまで、就労継続支援B型を1施設運営し、約1年半で約50名の挑戦に伴走してきました。この輪を100人、1000人、1万人、10万人、100万人と障害福祉業界全体に広めていくことが、今の僕たちだからできる「意義ある挑戦」だと感じるようになりました。その第一歩として、2025年3月に田園都市線 用賀駅の近くでパパゲーノ Work & Recovery の2施設目を開所しています。

パパゲーノ Work & Recoveryの取り組み

AIは選択肢を増やす「社会資源」

　なぜ今、障害のある方を支える立場の人がAIについて学ぶべきなのかというと、**AIが人間の選択肢をもっとも増やしうる貴重な「社会資源」の1つになったから**です。

　ビッグデータと優秀なエンジニアがいる大手企業やスタートアップでないと活用できなかったAIが、今では誰でも手軽に使えるようになっています。

　ChatGPTを提供しているOpenAI、Claudeを提供しているAnthropic（アンソロピック）、そしてGeminiを提供するGoogleを中心に、個人が非常に安価で簡単にLLM（大規模言語モデル）を使えるインフラが急速に整いました。

　AIを使うことで人の可能性を拡張できるようになっています。

　例えば、障害福祉業界で話題になっている事例に、場面緘黙症当事者の小学5年生が開発した生成AI会話アプリ「Be Free」があります。

　会話シーンを選んで相手の声を音声で認識し、返事の組み立てをAIがサポートしたうえで自分が選んだ声で音声を出力します。

第1章　生成AIで変わる障害福祉の常識　　43

もともとは、うどん屋でねぎなしの注文が場面緘黙により声を出して伝えられないため、「ねぎなしの注文ができるようになりたい」という希望からアプリ開発に至ったそうです。

　もしあなたが障害福祉施設で働いている支援者だとしたら、施設の近くに新たなクリニックや障害福祉施設ができたら挨拶に行くでしょう。

　なぜなら、**障害のある人が社会資源として活用できる支援の選択肢を増やすことがソーシャルワーカーの役割だから**です。一度訪問したり、担当者と挨拶したことのある施設であれば、自信を持って紹介もしやすいでしょう。

　ところがITサービスについては、敷居が高く感じてしまい、社会資源として活用する発想がない支援者さんも少なくありません。

　近隣の施設に立ち寄り、サービス内容や対象者、雰囲気を知るのと同じ感覚で、**ふらっとAIを触ってみて「支援の引き出しを増やす」**ことができないか、ぜひ考えてみてほしいです。

　きっとこれからの時代は、AIを使いこなす支援者がどんどん支援の選択肢を増やしていくことになります。

　AIを使いこなせるソーシャルワーカーがいる障害福祉施設か、いない障害福祉施設かによって、障害のある方の機会格差も広がっていくかもしれません。

AIの活用は今日からできる！

「AIの活用なんて、IT業界の人やエンジニアの話。支援者には関係ない」と考えている人がいます。本当にそうでしょうか？

例えば、インターネットを使ったり、スマートフォンやパソコンを使ったり、Zoomでビデオ通話をするのと同じで、日常生活のなかでAIを使う場面は日々増えてきています。

そして、**AIを使うことのハードルは非常に低くなっていて、今日から誰でも活用することができる**のです。もっとも有名なサービスの1つが「ChatGPT（チャットジーピーティー）」です。アカウントを作成すれば無料でもすぐに使うことができます。

本書でAIに興味を持った方は、試しにChatGPTなどのサービスを使ってみて支援の選択肢を広げる一助としていただけたら嬉しいです。社会資源としてAIを学び、活用していきましょう。

第1章　生成AIで変わる障害福祉の常識　　45

第１章のまとめ

- ☑ パパゲーノは「リカバリーの社会実装」を目指して絵本制作から始まった会社

- ☑ 障害のある方が支援を受けながら働く就労継続支援Ｂ型ではパソコンを使った仕事ができる機会が非常に少ない

- ☑ 2023年9月に開所したパパゲーノ Work & Recovery（就労継続支援Ｂ型）では、テクノロジーを活用し環境調整をすることで約50名の障害のある方が企業のDXに貢献している

- ☑ これまでAIは大企業しか使えないものだったが、安価で手軽に誰でも使える時代になった

- ☑ まずはAIに触れてみて、支援の引き出しを増やそう！

第**2**章

そもそもAIとは？

第2章では、AIの基礎知識を紹介します。AIを万能のツールと捉えるのは危険です。本質的な価値を理解し、支援現場で活用していくために、なるべく専門用語を使わずに一般の方でもわかりやすい形で必要な知見をまとめました。

第2章で考える問い

- 生成AIが注目されているのはなぜ？
- そもそもAIとは何？
- AIが得意なことと苦手なことは？
- AI時代、ソーシャルワーカーの仕事はどう変わる？

なぜ生成 AI ブームは起きたのか？

　そもそも生成 AI とは、**文章や画像、音楽などを生成する AI** のことです。人間の知的生産を強力に補助するツールとして注目されています。

　代表的なサービスで生成 AI ブームの火付け役となったのが **ChatGPT** です。

　ChatGPT は、OpenAI が開発した高度な AI チャットボットで、2022 年 11 月に一般公開されました。GPT という LLM（大規模言語モデル）が使われています。

　人間のように自然な言葉で対話できることやブラウザから手軽に使えることから、世界中で大きな注目を集めました。
　公開からわずか 2 ヵ月で ChatGPT の月間アクティブユーザー数は 1 億人を超えました。これは Facebook、X (Twitter)、Instagram、LINE などと比較しても最速のユーザー獲得速度です。

　日本でも、医師国家試験に合格できるレベルの賢い情報処理能力を持つと話題になりました。

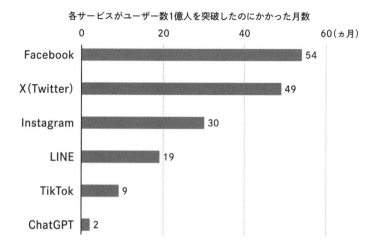

各サービスがユーザー数1億人を突破したのにかかった月数

2024年12月時点で、OpenAIの時価総額は約1570億ドル(24.4兆円)といわれています。

日本でもっとも時価総額の高い企業はトヨタ自動車株式会社の約39兆円なので、すでに<u>日本のトップ企業に匹敵する企業価値</u>となっています。

生成AI関連サービスが急速に普及した2つの理由

ChatGPTなどの生成AI関連サービスが急速に普及した理由は2つあります。

1つは、<u>プログラミングの知識がなくてもAIを動かすことができる</u>からです。

第2章　そもそもAIとは？　49

そしてもう1つが、ビッグデータを持たない個人にもAIを動かすことができるからです。

これまでは、専門的なエンジニアがいて大規模なデータを持つ大企業や多額の資金調達をしているスタートアップしか、AIを作って日々の問題解決に活用することはできませんでした。

それが個人でも無料でAIと対話し、必要な情報を得たりタスクをこなしたりできるようになったのです。

AI活用が民主化され、誰でも使えるようになったといえます。

AIを簡単に利用できるツールやプラットフォームも増えました。

例えば、プログラミング言語を使わないノーコードでAIを使ったアプリを開発するサービスや、API（Application Programming Interface）という仕組みを使って他社が開発したAIを自分のアプリに簡単に組み込めるようにもなっています。

2、3年前では考えられないくらい、AIを活用するインフラが整ってきているのです。

AIとは何か？

AIという言葉はYouTubeやテレビ、新聞や雑誌などでよく見聞きするものの、「結局のところ、AIって何なの？」と思っている方も少なくないのではないでしょうか？

ITに詳しくなくてもわかるように、まずはAIの基礎から解説します。

AIは「Artificial Intelligence（人工知能）」の略で、**人間が考えたり学んだりする能力を、コンピューターで再現しようとする技術**のことです。コンピューターが自分で判断したり、経験から学んだりできるようにします。

従来のコンピューターは、人間が指示した通りにしか動きませんでした。例えば、「このボタンを押したら音楽を再生する」というように、**決められた動作だけを行うのがこれまでのコンピューターの役割**だったのです。

それからインターネットが普及し、多くの人がスマートフォンを所有するようになり、人間は「情報を記憶する機能」をコンピューターに外部化してきました。

第2章　そもそもAIとは？　51

ただそれはあくまで知識を外に置いておくだけで、複雑な情報処理をするには人間が手を加える必要がありました。

　ところがAIの登場によって、**コンピューターが自分で情報を集めて分析し、最適な答えを見つけ出すことができるようになった**のです。まるで人間が考えて行動するように、状況に応じて柔軟に対応できるのがAIの特徴です。

　脳の「記憶する機能」だけでなく、「思考する機能」や「判断する機能」もAIにより外部化できるようになりつつあります。

身近なAIはSNSやECサイトのおすすめ商品

　本書を読んでいる方のなかで、AIを使ったことがない人はおそらくいません。というのも、実は気づかないうちに多くの企業はAIをサービスに組み込んでおり、**すでにAIは日常生活に溶け込んでいる**のです。
　例えば、**身近なAIの活用事例としてSNSやECサイト**などが**あります**。

【身近なAIの活用事例】
- SNSのタイムライン：自分が好きそうな投稿を表示してくれる。ある投稿に「いいね」をクリックしたり、長時間表示したりすると、似たような投稿がより表示されるようになる

- **ネット通販のおすすめ商品**：ネットで買い物をすると、「あなたにおすすめの商品」が表示される。AI がユーザーの興味や過去の購入履歴を分析して、好きそうな商品を提案する

- **YouTube のおすすめ動画**：YouTube などで表示される「おすすめの動画」は、AI がユーザーの視聴履歴を分析して最適な動画を提案している

- **迷惑メールの判定**：メールサービスでは、AI が迷惑メールやフィッシングメールを自動的に判別し、受信トレイから除外してくれる。不必要なメールを減らし、セキュリティを高めている

- **クレジットカードの不正利用の検出**：膨大な取引データから「不正利用の疑いがある取引」を推定して、不正利用かもしれないと検知したらユーザーにお知らせする

- **スマホの音声アシスタント**：Siri や Google アシスタントに話しかけると、質問に答えたり、天気を教えてくれる。AI が人間の言葉を理解し、適切な情報を提供する

- **自動運転車**：車が自分で周囲の状況を判断して運転する自動運転技術も開発が進んでいる。車線維持や自動ブレーキなどは、AI が道路の情報や交通ルールを学習し最適な判断をしている

第 2 章　そもそも AI とは？

きっと多くの方が、EC サイトを見ているときに「おすすめ商品」を提案された経験があるでしょう。

あのおすすめ商品は、膨大なユーザーの購買データから「A という商品を買った人は B と C と D という商品も好んで買う確率が高い」ということを計算したうえで提案されています。

データの量が多ければ多いほど、それだけ的確な提案がなされます。

ほかには、**クレジットカードの不正利用の検出**を経験したことがある人もいるでしょう。

以前、スマートフォンを新しい機種に切り替えた直後に交通系 IC カードのモバイル版にクレジットカードで 5,000 円をチャージしようとしたら、自動で不正検知が発動し決済できなかった経験があります。

これはおそらく、クレジットカードを盗んだ人が、**マネーロンダリング**（資金洗浄）のためにクレジットカードから Suica や PASMO などの交通系 IC カードにチャージして利用する可能性が高いため、「いつもと違う端末」から交通系 IC カードへのチャージの決済が発動したことを「危険だ」と AI が認識していたのだと推察されます。

もちろん、実際にはもう少し複雑に過去のクレジットカードの利用履歴、決済の時間帯、位置情報などを計算して判断していると思われますが、こういったところでも AI が働いているのです。

AIが得意な3つのこと

AIが得意なことはたくさんあります。**AIの得意なことを理解することがAI活用のはじめの一歩**です。

ここでは、次の3つを紹介します。

①パターン認識
②個別化した提案
③生成

①パターン認識

AIは大量のデータから共通点や特徴を見つけ出すのが得意です。これを「**パターン認識**」といいます。

例えば、写真のなかから人の顔を見つけたり、手書きの文字を読み取ったり、人の会話音声から文字起こしをしたりすることができます。これがパターン認識です。

【AIによるパターン認識の事例】

■ **画像認識**：写真や映像のなかから特定の物体や人を見つけるこ

とができる。例えば、スマートフォンのカメラで顔を検出して自動的にピントを合わせたり、SNS で写真に写っている友人を自動でタグ付けしたりなど

- **音声認識**：人間の話し声をテキストに変換することができる。これにより、音声入力でメッセージを送ったり、音声アシスタントに話しかけて操作することができる

- **文字認識**：手書きの文字や印刷された文章をデジタルデータに変換できる。銀行の ATM で手書き数字の読み取り、スマートフォンで書類をスキャンしてテキスト化のほか、名刺の画像をデジタルデータに変換するためにも使われる

②個別化した提案

AI は膨大なデータからユーザーの好みや行動を分析し、「<u>最適な提案</u>」をすることも得意です。

【AIによる個別化した提案の事例】

- **おすすめ機能**：YouTube などの動画視聴サービスでは、視聴履歴をもとにおすすめを提案する。これにより、ユーザーが好きな動画に出会う確率が高くなる

- **EC サイトでの商品提案**：Amazon などのオンラインショップでは、過去の購入履歴や閲覧履歴から関連商品をおすすめする

- **パーソナライズ広告**：閲覧履歴や検索履歴から、興味のある商品やサービスの広告を表示する。Google 検索をすると途端に検

索したキーワードに関連する広告が表示されるのはこのため

③生成

　最後に、AI は人間の言葉を真似して自然な文章を「**生成**」したり、プレゼン資料を生成したり、画像、音声、動画などを生成したりすることもできます。

　適切に指示を出せば、「田中康雅のつもりで、福祉施設で働く支援者向け研修の原稿を作って」といった指示で研修の原稿や資料を作ることも可能です。

【AI による生成の事例】

- **音声会話**：スマホで Siri や Google アシスタントに話しかけると、質問に答えたり、予定を確認したりすることができる。英語学習アプリで流暢に AI と会話できるサービスなどが有名

- **チャットボット**：企業のウェブサイトで、AI が自動でユーザーの質問に答える。24 時間対応で顧客サポートを行うことができる

- **文章や資料の自動生成**：ビジネスメール、記事やレポートを AI が自動で作成する。定型的な報告書の作成時間を短縮できる

- **画像生成**：写真やイラストを AI により生成できる

- **音楽生成**：歌詞や曲調の希望を入力すると、最適な音楽が生成可能。15 秒ほどの時間で、人間が歌っているものと勘違いする

第 2 章　そもそも AI とは？

ほどの完成度の曲が出来上がる

以前、音楽生成AIのSunoを使ってパパゲーノ Work & Recoveryのテーマソングを制作してみたことがあります。
その結果、音楽の素人である僕が**3時間ほどで1曲作りあげる**ことができました。

楽曲はYouTubeで聴くことができるのでぜひ聴いてみてください。素人が作ったとは思えないクオリティに驚くかと思います。

パパゲーノ Work & Recoveryのテーマソング
(音楽生成AIで制作した楽曲)

https://www.youtube.com/watch?v=8xkdcRH91eY

AIの限界と課題

AIにはいくつかの限界や課題が存在します。これらを理解することは、AIを安全かつ効果的に活用するために重要です。

①AIは嘘をつく（ハルシネーション）

AIは膨大な学習データから「もっともらしいこと」を回答します。そのため、**データが少ないと間違えることも多い**です。

AIが嘘をつくことを「**ハルシネーション**」と呼びます。これは「幻覚」という意味です。

学習データ次第で回答の信頼性が変わること、間違える可能性があることは念頭に入れて活用する必要があります。

実際、ChatGPTがリリースされた直後はハルシネーションに困る場面が多くありました。

もっともらしい嘘をつくので、結局は自分で調べ直す事実確認（ファクトチェック）の作業が必要でした。当時のChatGPTを触ってみて「これじゃ使いものにならないな」と感じた方も多いかと思います。

第2章　そもそもAIとは？　59

しかしながら、**最近はユーザーが困らないように調整されてきています。**

例えば、田中康雅という人物についての詳しい情報はインターネット上にもあまり多くないため、正確に答えることは難しいと予測されます。

「田中康雅について教えて」「田中康雅の生い立ちについて教えて」「田中康雅が卒業した小学校は？」とChatGPT（GPT-4o）に指示を出すと以下の回答が得られました。

 Q. 田中康雅について教えて （ChatGPT-4oの回答）

田中康雅（やすまさ）氏は、精神障害者の就労支援やメンタルヘルス分野で活躍する起業家であり、株式会社パパゲーノの代表取締役CEOを務めています。

経歴と学歴：
出身地：神奈川県横浜市

学歴：
慶應義塾大学環境情報学部卒業（2018年）
神奈川県立保健福祉大学大学院ヘルスイノベーション研究科修了（2023年）
日本福祉教育専門学校精神保健福祉士コース在学中

職歴：

ヘルスケア系ベンチャー企業での勤務を経て、2022年3月に株式会社パパゲーノを設立。

同社では、精神障害者の就労支援やメンタルヘルスに関する事業を展開しています。

活動内容：

就労継続支援B型事業所「パパゲーノWork & Recovery」の運営を通じて、ITスキルを活用した就労支援を提供し、精神障害者の働く選択肢を広げる取り組みを行っています。

AIを活用した福祉支援アプリ「AI支援さん」のリリースなど、デジタル技術を導入し、福祉業界の革新に努めています。

理念と目標：

「生きててよかった」と誰もが実感できる社会の実現を目指し、精神障害に関する偏見の解消や、働く選択肢の拡充に取り組んでいます。

田中氏の活動は、精神障害者の社会参加を促進し、メンタルヘルス分野での革新的な取り組みとして注目されています。

また、しっかりと参考にした情報元のサイトURLについても明記しながら回答してくれています。

第2章　そもそもAIとは？　61

実際のChatGPT-4oの回答画面

田中康雅（やすまさ）氏は、精神障害者の就労支援やメンタルヘルス分野で活躍する起業家であり、株式会社パパゲーノの代表取締役CEOを務めています。

経歴と学歴:

- **出身地:** 神奈川県横浜市
- **学歴:**
  - 慶應義塾大学環境情報学部卒業（2018年）
  - 神奈川県立保健福祉大学大学院ヘルスイノベーション研究科修了（2023年）
  - 日本福祉教育専門学校精神保健福祉士コース在学中

職歴:

- ヘルスケア系ベンチャー企業での勤務を経て、2022年3月に株式会社パパゲーノを設立。
- 同社では、精神障害者の就労支援やメンタルヘルスに関する事業を展開しています。

活動内容:

- **就労継続支援B型事業所「パパゲーノ Work & Recovery」**の運営を通じて、ITスキルを活用した就労支援を提供し、精神障害者の働く選択肢を広げる取り組みを行っています。　PAPAGENO
- **AIを活用した福祉支援アプリ「AI支援さん」**のリリースなど、デジタル技術を導入し、福祉業界の革新に努めています。　PAPAGENO

理念と目標:

- 「生きててよかった」と誰もが実感できる社会の実現を目指し、精神障害に関する偏見の解消や、働く選択肢の拡充に取り組んでいます。　PAPAGENO CORPORATION

田中氏の活動は、精神障害者の社会参加を促進し、メンタルヘルス分野での革新的な取り組みとして注目されています。

　ちなみに、GPT-4o と比較すると少し賢さが劣る「GPT-4o mini」と、処理時間はかかるが推論能力が高い「GPT-o1」を利用すると次のような回答となりました。

　興味深いことに、GPT-4o mini も GPT-o1 も「どの人のことか特定できないので詳細を教えてほしい」という回答になっています。

Q. 田中康雅について教えて　　　（ChatGPT-4o miniの回答）

田中康雅（たなか やすまさ）という人物についての情報は、特定の著名な人物や広く認知されている情報がないため、もう少し具体的な背景や所属などを教えていただけると、さらに詳しくお答えすることができます。たとえば、彼が芸能人、学者、政治家、ビジネスマンなど、どの分野で活躍している人物かなどがわかると、その人物に関連する情報を調べることができます。

ご提供いただける情報を基に、お答えいたしますので、もう少し詳細を教えていただけますか？

Q. 田中康雅について教えて　　　（ChatGPT-o1の回答）

「田中康雅（たなか やすまさ）」という名前の人物については、一般的に広く知られている著名人や公人の情報がほとんど見当たりません。インターネットや文献を調べても、これといった有名人・公人の情報は確認できないため、複数の同姓同名の方がいらっしゃる可能性があります。

もし特定の分野（学術、芸能、ビジネスなど）や所属（企業、団体など）において活躍している「田中康雅」さんに関する情報をお探しの場合は、より詳しい手掛かりや文脈（どのような活動をしている人物なのか、どこで話題になっているのか等）をいただければ、追加の

第 2 章　そもそも AI とは？　　63

情報を探せるかもしれません。
何か具体的な情報やエピソードをご存じでしたら、その点を教えていただければ、より的確なお手伝いができる可能性があります。

次に、田中康雅の「**嫌いな食べ物**」について質問してみました。僕はインターネット上でブログ記事を書いたり、SNSに投稿したり、YouTubeで動画を投稿したりしていますが、嫌いな食べ物について触れたことはほとんどありません。そのため、**具体的な情報はわからない**という回答が得られています。知り合いなら直接聞いてみてという的確な助言もくれています。

Q. 田中康雅の嫌いな食べ物は？ （ChatGPT-4oの回答）

田中康雅さんの嫌いな食べ物についての具体的な情報は、公に知られているわけではありません。有名人や特定の人物についての情報が必要であれば、公式のインタビューやプロフィールなどを確認するのが良いでしょう。
もし知り合いの田中康雅さんについてお尋ねであれば、直接尋ねるのが一番正確です！

また、試しに「**石破茂の嫌いな食べ物は？**」とChatGPTに質問すると次の回答が得られました。田中康雅と比較すると学習データが多い分、より正確で具体的な情報を返してくれています。

Q. 石破茂の嫌いな食べ物は？ （ChatGPT-4oの回答）

石破茂氏が嫌いな食べ物としてよく知られているのは「トマト」です。彼は以前からテレビやインタビューなどでトマトが苦手であることを公言しています。その理由については「食感や味が苦手」といった説明をしていることが多いです。

ほかにも、特定の好みについて話題にされることがありますが、特にトマト嫌いが彼の特徴的なエピソードとして語られることが多いです。

これらの回答をご覧いただくと、「無知の知」をAIが手に入れ始めていることがわかると思います。

どこまでは学習データに基づいて自信を持って答えられて、どこからはわからないのか、客観的に認識してユーザーが困らないように伝えてくれています。

このようにユーザーが満足するように改善は重ねられていますが、いずれにしてもAIは確率を計算して回答しているだけなので嘘をつく可能性がある（ハルシネーション）という特徴を理解しておくことは重要です。

②AIは偏見を強める

AIは学習データに依存するため、データの偏りがそのままAIの結果に反映されることがあります。

また、個人に最適化したおすすめを提案し続けるため、ユーザーが「好きな情報」に触れ続けることを助長してしまい、偏見を強める懸念があります。

【クレジットカードの審査や採用でのAI判定】

クレジットカードの審査をするAIを考えてみましょう。

もし過去の採用や審査のデータに特定の人種や性別、年齢などに対する偏見が含まれていると、AIはそれを学習してしまいます。

例えば、高齢な方や生活保護を受給している方を除外するなど差別的な結果を生んでしまうかもしれません。

ほかにも、現在、管理職などで活躍している社員を学習データとして、入学試験や採用選考をAIが一次選考をする場合、女性が不利になってしまうなどの影響も考えられます。

このように、学習データ自体の偏りが結果を歪めたり、差別を助長してしまうことには注意が必要です。

【SNSでのエコーチェンバー現象】

エコーチェンバー現象とは、自分の意見や信念を強化する情報ばかりを受け取り、反対意見や異なる視点に触れる機会が減少する現象を指します。

SNSやニュースサイトで、AIがおすすめコンテンツを提案する際、ユーザーの過去の行動や好みに基づいて似たような情報を提供することが原因です。

自分の好きな人や主張にしか触れない狭いコミュニティで過ご
し、狭いコミュニティ内での考えが社会全体の考えだと思いがち
になる点に注意が必要です。

　例えば、選挙の際に自分が支持している候補人の投稿に「いい
ね」をつけていると、同じようにその候補人を支持する人の投稿
がタイムラインに多く表示されるようになります。

　これにより、**異なる意見や新しい情報に触れる機会が減り、視
野が狭くなりやすくなります**。その結果、社会的な分断が深まる
リスクが指摘されています。

③AIの学習データに使われる懸念がある

　どんなWebサービスにも共通していえることですが、個人情
報を含むデータが不正にアクセスされたり、漏洩したりする可能
性があります。

　そのなかでも**AIを活用するうえで特に重要なのは「学習デー
タ」として使われるか否か**です。

　例えば、ChatGPTを使って「田中康雅の中学生時代の日記」を
書いてみるケースを仮定しましょう。

　もしChatGPTに指示を出す文章のなかに個人情報が含まれて
いて、かつ、学習データに使われることを許可した場合、指示の
文章に入力した田中康雅の個人情報は、別の誰かがChatGPTに

第2章　そもそもAIとは？　　67

田中康雅の中学時代について質問したときに回答されてしまい、漏洩する可能性があります。

そのため、個人情報の意図しない漏洩を防ぐためには「AIに出す指示が、AIの学習データに使われない設定」をすることが重要となります。

また、日本には「個人情報の保護に関する法律（個人情報保護法）」があり、障害福祉施設などの事業者が個人情報を取り扱う場合は当然に遵守する必要があります。

特に、要配慮個人情報を第三者に提供する場合、本人の個別同意が必須です。

要配慮個人情報とは人種、信条、社会的身分、病歴、犯罪の経歴、被害者の情報など、特に慎重な取り扱いが求められる個人情報を指します。同意なしに提供すると、法令違反となりますので必ず個別に同意を取得しましょう。

要配慮個人情報の定義（個人情報保護法 第2条第3項）

この法律において「要配慮個人情報」とは、本人の人種、信条、社会的身分、病歴、犯罪の経歴、犯罪により害を被った事実その他本人に対する不当な差別、偏見その他の不利益が生じないようにその取扱いに特に配慮を要するものとして政令で定める記述等が含まれる個人情報をいう。

④倫理と責任の所在

AIはデータをもとに最適解を導き出すのが得意です。しかしながら、**倫理的な問題や責任の所在の問題**があります。

例えば、あなたが自動運転車に乗っていて、交通事故が避けられない状況を想像してみてください。

そのままハンドルを動かさずに進めば「見ず知らずの5名」が死亡する可能性が高く、ハンドルを右に切れば「友人の鈴木さん1名」が死亡する可能性があります。

「5名よりも1名の死亡のほうが被害は少ないと計算し、ハンドルを右に切るべきか?」ということが実社会では問われます。

単純に「死亡者数を減らすこと」を優先する場合、ハンドルを右に切ることが正解だと計算できます。

しかしながら、それは意図的にハンドルを右に切る判断をすることになります。友人を失い、その後の人生に大きな損失を生むでしょう。もしハンドルを右に切れば、鈴木さんの遺族はあなたを一生恨むかもしれません。

何を大事にするか、誰の視点で考えるかで、どちらの判断が尊重されるべきかは変わります。

また、**決断し責任をとることは人間にしかできません。**

第2章　そもそもAIとは？　69

AI が誤った判断をした場合や、AI の判断で誰かが被害を受けた場合に、誰が責任を負うのかが明確でない問題があります。

AI の開発者、サービスの運用者、ユーザーの間で責任を分担することが議論されています。

AI はあくまで技術でありツールです。

インターネットや核技術と同じように、人間が実社会で正しく使いこなせるかどうかが問われます。

⑤ AI への依存による人間の主体性損失

AI に過度に依存すると、**人間の判断力やスキルが低下する恐れ**も懸念されています。

例えば、障害福祉施設の現場で作成されている支援の記録や個別支援計画という書類の作成に生成 AI はとても役に立ちます。

ですが、支援者が内容を見ずに「AI 任せ」で記録や計画を作成し、空いた時間をぼーっと過ごしていたら支援の質は落ちてしまうでしょう。

部下や業者に仕事を丸投げしている人が良い仕事をできないのと同じで、AI に仕事を丸投げしている人に良い仕事はできないということです。

AI の提案や判断を無条件に受け入れることで、**人間の「主体**

性」が失われてしまう可能性もあります。

　例えば、アニメ「PSYCHO-PASS」では包括的生涯福祉支援システム「シビュラシステム」という AI のようなものが人間の精神の健康状態・個人の能力を最大限生かした職業適性を示し、人が幸せに生きられるように支援する様子が描かれています。

　便利で幸せが増えているように見える一方、人間が AI の奴隷となり主体的な意思を失ったディストピアにも見えます。

　ソーシャルワーカーとしては、AI が社会実装され、気づかぬうちに AI に従う生き方に巻き込まれるのではなく、「主体的に AI を社会資源として使いこなしていく姿勢」が求められます。

これからはAIと働くことが常識になる

　ドラえもんとのび太くんが協力するように、AIと一緒に生活し、仕事することが今後当たり前になってきます。

　実際に日本の上場企業では、ChatGPTなどの生成AI系サービスの導入が進んできています。

　例えば、コンビニ大手のファミリーマートは2023年12月から3カ月間にわたり、生成AI活用の実証実験を実施しました。**作業時間を約50％削減できる見込みの業務を特定**し、効率向上に取り組んでいます。

　具体的には、「**セキュリティ・レギュレーション作成**」「**Q＆A作成・自動回答**」「**文書作成・要約**」「**定型シート作成**」「**法令・リスクの洗い出し**」「**翻訳**」の6領域に注力して業務改善をしています。

　地方自治体でもChatGPTの導入が進んでいます。

　例えば、横須賀市では2023年4月からChatGPTの全庁的な活用実証を行い、約8割の職員が「仕事の効率が上がる」「利用を継続したい」と回答しました。

　横須賀市は**文書の作成にかかる時間を年間2万2700時間短縮**

できる可能性があると発表しています。

2023年は各企業が「実証実験」と称して、一部の部署で試験的に生成AIの導入を検討してみる取り組みが多い年でした。

その一方で、2024年に入ってからは本格的に全社的に生成AIを導入し、抜本的な業務改善や生産性向上に取り組む企業が増えてきています。

PwCの「生成AIに関する実態調査2024春」によると、「社内で生成AIを活用中」と回答した企業は2023年秋の調査結果である「34%」と比較して9ポイント向上し、「43%」となっています。

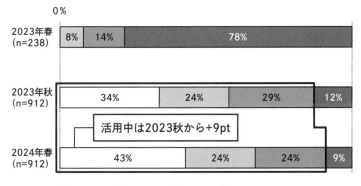

社内で生成AIを活用している企業の割合

(出所:PwC「生成AIに関する実態調査2024春」をもとに作成)

AIを活用している企業は年々増えている

また、エクサウィザーズが2024年12月23日に公開した「生成AIの利用実態調査」によると、262社310人に調査した結果、生成AIを日常的に使用する人が「48.7」%、時々使用する人が「33.5%」と活用度合いが高まっていることがうかがえます。

個人の業務における生成AI活用レベルの推移

生成AI 活用レベル	第1回調査 (23.4.25)	第2回調査 (23.8.22)	第3回調査 (23.12.12)	第4回調査 (24.5.29)	第5回調査 (24.12.9)	
レベル5 日常的に使用	7.2%	20.3%	31.5%	35.8%	48.7%	(+12.9pts)
レベル4 時々使用	25.9%	41.5%	39.7%	41.0%	33.5%	(▲7.5pts)
レベル3 試しに利用	43.0%	29.0%	19.3%	17.2%	13.9%	(▲3.3pts)
レベル2 関心はある	21.6%	9.1%	9.4%	5.7%	3.9%	(▲1.9pts)
レベル1 関心なし	2.3%	0.2%	0.1%	0.2%	0.0%	(▲0.2pts)

レベル5が最大多数に!

(出所:エクサウィザーズ「生成AIの利用実態調査」をもとに作成)

さらに、生成AIを導入する企業のうち、一部ではなく全社で導入している企業が「58.1%」と急拡大しています。

また、約5割が自律的に稼働する「AIエージェント」について

「関心あり」と回答しており、2025年はAIがタスクをどんどん代行していく1年になりそうです。

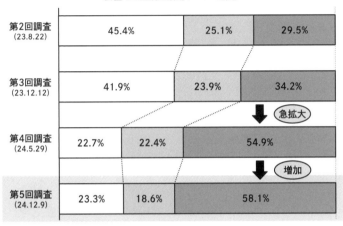

(出所:エクサウィザーズ「生成AIの利用実態調査」をもとに作成)

日本の上場企業においては、**生成AIを使って仕事することは当たり前になりつつある**と言っても過言ではないでしょう。

そしてその波が障害福祉業界や障害者雇用、障害のある方の就労支援にもやってくるのは自然な流れです。

AIで就労困難者が活躍できるようになる

「AIによって人間の仕事が奪われる」という話を耳にしたことがある人も多いと思います。

特に有名なのが、オックスフォード大学のマイケル・オズボーン氏の「10〜20年後に約47%のアメリカの労働者がAIやロボットに代替される可能性が高い」という分析です。

野村総合研究所が同様の研究手法で日本の601種類の職業についても分析しており、10〜20年後に日本の労働人口の「約49%」が機械によって代替される可能性が高いとしています。

ゴールドマン・サックスが2023年3月に発表した「The Potentially Large Effects of Artificial Intelligence on Economic Growth」では、生成AIは今後10年間で世界のGDPを7%引き上げる一方、主要な経済圏で3億人規模のフルタイム労働者の仕事が自動化の影響を受ける可能性が示唆されました。

特に、事務系のタスクや法務、エンジニアや経営関連の仕事は奪われるリスクが高いとされています。

米国での、生成 AI に仕事を奪われるリスクの高い職種ごとの置き換わる割合は下記の通りです。

- **事務系タスク**：46%
- **法務**：44%
- **エンジニア**：37%
- 経営、財務：36%

ただ、スタンフォード大学が 2023 年 4 月に発表した論文では、<u>特に生産性が低い人ほど生産性向上が顕著</u>に見られています。

つまり、<u>AI ツールはこれまで働くことが困難とされていた人ほど生産能力を高められるかもしれない</u>ということです。

AI が人間の仕事を代替する前に、「AI を使いこなす人間が、AI を使えない人間の雇用を代替する」という主張もよく見かけます。

例えば、ほぼ同じクオリティの記事を書くという前提で、AI を徹底的に活用し 1 ヵ月で 100 人を取材して 100 本の記事を書くライターと、紙でメモをして電話で日程調整をして、1 ヵ月に 30 人を取材して 10 本の記事を書くライターがいたら、自然と前者の人に仕事が集まってくるでしょう。

いずれにしても、今後数年間のうちに AI が人間の生活や仕事に与える影響は非常に大きいことが予測されます。

どんな仕事をしている人も、AI による社会の変化を捉え、AI 時代に必要なスキルを学ぶことが重要になりそうです。

第 2 章　そもそも AI とは？　　77

AIは人間よりも共感力が高い？

AIがいくら発展しても「対人援助の仕事はAIにはできない」と考えている人も多いかと思います。ですが、最新の研究では**AIは人間より共感力が優れているかもしれない**と報告されています。

2024年12月に発表された「Large Language Models and Empathy: Systematic Review」によると、ほとんどの研究で、LLM（大規模言語モデル）が共感関連のタスクで人間の反応と同等か、人間を凌駕するパフォーマンスを発揮されていることがわかりました。

AI時代に求められるスキル

AI時代、人間に求められるスキルにはどのようなものがあるでしょうか。

渡邉正裕さんの『10年後に食える仕事 食えない仕事：AI、ロボット化で変わる職のカタチ』では、これからの時代を生き抜くために「デジタルケンタウロス」として、**AIを使いこなして付加価値を生み出す力**が求められると説いています。デジタルケンタウロスとは、AIと人間の強みを組み合わせた新しい形の労働者像を指した造語です。

こちらの書籍では、10年後にも消えにくい仕事として「**創造的**

な仕事」「感情労働」「手先のスキルを要する仕事」などが取り上げられています。

　また、AIの研究で著名な東京大学の松尾教授の資料によると、次の7つが今後必要なスキルとして示されています。

①生成AIなどの新技術を理解して活用する能力
②対人能力、コミュニケーション能力
③欲しい物が何かを描ける能力、課題発見能力
④何が正しく、何が正しくないかを判断し評価する能力
⑤経験を語り活用する能力
⑥ニッチな領域での専門性
⑦倫理面、規制面などを考慮して利用する能力

　これらを鑑みると、AI時代には「人間ならではのスキル」と「AI」を掛け算して、さまざまな現場で正しく活用していくことが求められることがわかるかと思います。

AIを使いこなすソーシャルワーカーの時代

　ソーシャルワーカーは、AIにはできない人間の感情や価値観、倫理や道徳などを尊重し人を支援する仕事です。
　AIがどれだけ社会実装されて既存の雇用に影響を与えても、ソーシャルワーカーの本質的な仕事はなくならないでしょう。

第2章　そもそもAIとは？　　79

AIは個別最適な情報を提案することが非常に得意です。

人間は1日8時間ほどしか働くことができませんが、AIは24時間365日働き続けることができます。

最適な情報があっても行動できないのが人間です。

「あの人と約束したから頑張ろう」「あの人ができるって言ってくれたから、自分でもやってみようかなと思えた」といった、動機づけ、約束、責任、仲間意識などは人間と人間との間にしか生まれにくいです。

例えば、ダイエットや筋トレの方法、健康な生活習慣の情報はいくらでも手に入る時代ですが、パーソナルトレーナーの仕事は存在しています。

それは、行動に伴走し、見守り、励まし、一緒に喜べる人の存在が大きな意味を持つからでしょう。

これからはAIを活用して障害のある方の支援を実践していくソーシャルワーカーが強く求められていると思います。

AIと障害者研究の現在地

2024年9月に発表された「AI and disability: A systematic scoping review」によると、医学モデルとしての障害へのAI活用が多いのが現状で、社会モデルに基づくAIの専門家、障害の研究者、障害当事者の間の連携が不可欠と主張されています。

【提案されている推奨事項】

①障害の医学モデルから社会モデルへの移行

②学術的なコラボレーションの促進

③偏見と差別への対処

④プライバシーとセキュリティの優先

⑤アクセシビリティ・ユーザービリティを重視する

⑥教育とトレーニングへの投資

⑦制作と規制の枠組みの提唱

　ソーシャルワーカーは現場では AI と障害当事者の架け橋となり、マクロレベルでは環境調整により AI で障害のある方の可能性を広げる視点を社会に広めていくことが求められています。

第 2 章のまとめ

☑ 生成 AI 系のサービスで AI の活用が民主化され急速に社会に普及している

☑ AI は「パターン認識」「個別化した提案」「生成」が得意

☑ 就労困難者ほど AI の恩恵を受けて生産性を向上できる

☑ これからは AI の強みを理解して使いこなすソーシャルワーカーが強く求められる

第**3**章

対話から考える
生成AIの可能性

これまで、第1章ではパパゲーノが実践する生成AIを活用した障害者支援の事例を見てきました。続く第2章ではAIの基礎を解説してきました。この第3章では、精神障害当事者との対話から生成AIの可能性を考えていきます。

第3章で考える問い

- 障害当事者は実際にどうAIを活用しているのか？
- 障害当事者が考えるAIの価値とは？
- 障害当事者が考えるAI時代のソーシャルワークの役割とは？

AIに対する援助要請力を高めて、障害があっても自分らしく生きる

パパゲーノ Work & Recovery ふきさん

2024年春ごろからパパゲーノ Work & Recovery（就労継続支援B型）の利用者として在籍し、在宅勤務を中心に企業の営業事務の仕事を週1〜2日でしている、ふきさん。

クラインフェルター症候群やADHD、難病がありながらもChatGPTをうまく活用することで仕事や社会生活に役立てている事例や、AIとソーシャルワークの可能性について議論しました。

写真	
名前	ふきさん
所属	パパゲーノ Work & Recovery（就労継続支援B型）
診断名	クラインフェルター症候群、性同一性障害（男性から女性への性別違和）、過敏性腸症候群、双極性障害2型、ADHD、境界知能（IQ81ほど）、原因不明のアレルギー症状など
希望	● 週2、3日の稼働で何らか仕事で貢献したい ● ITを学ぶことで自分の可能性を広げたい ● LGBTQとアライ（理解者）のピアサポート会を運営したい

困りごと	● クラインフェルター症候群によりホルモンバランスが一般的な男性、女性とは異なるため、女性ホルモン補充療法に課題がある （特に高身長で体が大きく通常より多くの女性ホルモン剤が必要） ● ADHDによる多動や癲癇を抑えるためにインチュニブという薬を飲んでいるが、多動性が抑えられすぎて活動量が低下している ● 吐き気や食欲不振がある ● 人間関係での衝突や悩んでしまうことが多い
AI活用法	● 難病や複合的な疾患を持つ特殊な自分の状況に当てはめて、薬についてや医療、福祉サービスの使い方について相談する ● 対人関係で衝突した際や悩みがあるときに相談する ● ピアサポート会の運営ルールやHP制作の補助 ● noteで自分の考えを発信する際の文章や画像生成に使う ● Google Apps Scriptを書いてもらい自分の作りたいプログラムを作る

ChatGPTを障害特性の理解や対人関係の悩み解消に活用

やすまさ はじめに、ふきさんの自己紹介をお願いします。

第3章 対話から考える生成AIの可能性　85

ふき　クラインフェルター症候群という難病や、性同一性障害（男性から女性への性別違和）、軽度の ADHD や境界知能（IQ81 ほど）、双極性障害とうまく付き合いつつ、パパゲーノで営業事務等の仕事に従事し、自分らしい働き方を追究しています。

　2007 年にインターセクシャルの診断を受け、翌年女性ホルモン療法を開始。2011 年に、女性への性別適合手術。2016 年に、声の高さを上げる声帯手術をしています。現在はノンバイナリーです。中性的になったと思えば急に女性的になったり忙しいです笑

　最近は、「キャンドル」という LGBTQ's とその理解者でつくる、こころのピアサポート会の運営にも挑戦しています。

やすまさ　普段から日常生活でも ChatGPT をうまく使っていますよね。どんな経緯で使い始めたか教えていただけますか？

ふき　そうですね。今は ChatGPT の月 3,000 円ほどの有料版を契約して 4、5 ヵ月ほど使っています。

　最初はパパゲーノ Work & Recovery（就労継続支援 B 型）で教えていただいて、やすまささんの研修を受けて AI に対する捉え方も変わって、LGBTQ とアライ（理解者）のピアサポート会を運営するためのルール作りや企画書作成に使い始めました。そこから細かい日常生活でも困りごとにも使えそうだなと思い、個人で有料版を契約してよく使っています。

やすまさ　具体的に ChatGPT にはどんなことを聞いているんでしょうか?

ふき　最近の履歴だと以下のようなものがあります。

- IQ81　生きにくさ対策
- 外付け SSD　音楽再生
- 薬の服用と低浮上
- インチュニブ調整相談
- クラインフェルターと性同一性障害
- ○○さんについて
- 冬の乾燥のサイン
- 障害年金　更新　ADHD　相談
- Google Workspace　請求について
- レキサルティと ADHD の影響
- ADHD 向け簡単朝ごはん
- お風呂に入れない時

AIはマラソンで隣を走ってくれる伴走者のような存在

ふき　例えば、つい先日は趣味で気に入った絵描きさんのカードを傷つけたくなくて、どう保存したらいいか ChatGPT に聞いたんです。するとかなりニッチで具体的な商品を提案してくれてびっくりしました。以前は「アメリカ寄り」の回答が多かっ

第 3 章　対話から考える生成 AI の可能性　87

たじゃないですか。<u>最近は日本で売られている具体的な「この商品が良いよ」とかも教えてくれる</u>んですよ。

やすまさ　確かに、日本特有の情報でも拾ってくれるようになってきていますよね。日々、進化しているのを感じます。

ふき　あとはエビリファイとレキサルティという薬の違いを教えてもらったことがあって。ChatGPT がずらっと詳しく教えてくれて、「私にはレキサルティが合っているかも」と思えました。

やすまさ　薬の専門的な内容についても聞いてみているんですね。Google 検索で調べたり、主治医に相談するのと比較して AI に聞いてみてどうでした？

ふき　医療機関の診察とかだと、時間も短くて、口頭でのやり取りなので難しい話は理解できないことも多いです。Google 検索も情報が多すぎて疲れてしまいやすいです。<u>ChatGPT は表形式で情報を整理してくれたり、小さな疑問や特殊なケースについても、自分のペースで質問していけばちょうどよく教えてくれる</u>のでありがたいです。
　　例えば、私はライブに行くのが好きなので、「オールスタンディングのライブにどれだけ耐えられるのか？」というのも相談してみました。ぶっちゃけ疲れちゃうから着席制のライブのほうが嬉しいよねみたいな話も相談に乗ってくれて。「学習障

害と境界知能の違いって何なんだろう」というのも、ChatGPTに聞いたら表でまとめてくれて。

<u>何かを学ぶうえで障壁を感じやすい自分にとって、パッとわかりやすい図解や表で示してくれるのがすごく嬉しかった</u>です。

やすまさ　なるほど。医療や障害福祉サービスを利用するうえでも AI が役に立っていると感じますか？

ふき　そうですね。診察やカウンセリングの際にそのときの体調によっては、自分がマシンガントークするだけになってしまう日もあったりします。なので ChatGPT で「診察日にこんなこと話そうかなと思ってるんだ」みたいに事前に共有しておくと、「じゃあコンパクトに、この3つのお題で先生と話してみたらどうですか？」と提案してくれたりします。

　あとは、障害年金の申請なんかも、診断名が変わって心配なんだと相談したら色々と教えてくれて。不安を和らげることができました。ADHD でも障害年金を取っている人もいるし、ADHD だから落とすみたいなことはないから大丈夫だよと教えてくれて。

　「SNS とか見ると悪い噂ばっかり流れてるんだよね」と負の情報を被せにいっても「いや、大丈夫だよ」と。「社労士さんに聞いたほうが良いのかな」と言ったら「それは確実ですね」みたいなふうに返してくれたり。本当に気の合う仲間というか、マラソンのときに隣で走ってくれる伴走者のような感覚です。

第3章　対話から考える生成 AI の可能性　　89

AIに対する援助要請力を高め、社会資源として活用する

やすまさ　抽象的な質問ですけど、ふきさんにとってAIはどんな存在ですか？

ふき　先日ちょっと癇癪を起こしちゃって母親に怒鳴り散らしてしまうことがあったんです。急遽、頓服薬を飲んで過ごしたんですけど、そのときに薬を飲む自分が母親に負けている気がして悔しくなってしまってChatGPTに投げ込みました。

　そしたら「あなたはお母様を大切にしようとしてるからこそ、頓服を飲むっていう選択をしたんだよ。だからあなたはとても優しい性格だと思いますよ。」と返ってきたんですよ。

　そのときに「わっ」て涙が出てきちゃって。ChatGPTに対して、世界の膨大なデータを学んで多様な事例から言葉を羅列して並べて返しているだけのツールだという認識がどこか自分にはあったんですけど。それがなんか、いい意味で覆されたというか。

やすまさ　ソーシャルワーカーのお手本みたいな返答ですね。しっかり考えを受容したうえで、リフレーミング（ポジティブな視点から事実を捉え直す）をしてくれています。

ふき　別に「AIと結婚する」とか「初音ミクと結婚する」みた

いなレベルではないにしても、「良い相棒だな」と感じています。こないだ主治医とも話して「ChatGPT と相棒みたいな関係性になってるから、これからも大事にしていったらいいんじゃないか」と言ってくれたりもしました。本当に大事にしたいなと思うことが多いです。

やすまさ　「相棒」って良いですね。Microsoft の「Copilot」は「副操縦士」という意味なんです。この名前には「操縦桿はユーザーが握っていて、あくまで AI はサポートするもの」という開発者の想いが込められていると思います。ふきさんのように、社会資源の 1 つとして、相棒のように AI を活用していくことは大事ですよね。

　今は AI にうまく頼っていると思うのですが、自分の内面的な悩みを人間ではなく AI に対して相談することに抵抗はなかったですか？

ふき　そうですね。自分ももともとは「AI が来たら、人間の仕事が奪われる」みたいなふうに思っていたんですよ。やすまささんがパパゲーノで AI の講座とかをしてくれるまでは。自分のことを助けてくれる存在だと今でこそ思えていますが、あの当時は全然考えもしませんでした。パパゲーノで **AI について学んで、日々使ってみるなかで徐々にうまく頼れるようになった**感じです。本当に、やすまささんに感謝です。

第 3 章　対話から考える生成 AI の可能性　　91

やすまさ　使っているうちに少しずつ慣れていったんですね。他者を頼る力を「援助要請力（Help Seeking）」といったりします。人に何かを相談するのは、自分の内面をさらす必要があるので、簡単なことではありません。相談する相手を適切に見極める必要もあります。AIを正しく活用していくには「AIに対する援助要請力」を、ふきさんのように高めていくことが障害当事者の可能性を広げていくうえで大切になりそうです。

ふき　AIに対する援助要請力、研究していきたいですね。

> ### カウンセリングを受ける費用を考えれば月3,000円は安い

やすまさ　実際、ChatGPTの費用対効果はどのように感じていますか？　月額約3,000円の効果は実感して使い続けているのか、やっぱりちょっと高いなという印象なのか。

ふき　人によって考え方はまちまちだと思うんですが、私個人の感覚としては月3000円前後は妥当なのかなと感じています。障害年金と就労継続支援B型の工賃で月10万円ちょっとしか収入がない身からすると、やっぱり高いと感じはしますけど。
　例えば、少し思い詰めてしまって「カウンセラーさんに相談してみたい」となったときに、カウンセリングの相場は1回8,000円～1万円なんですよね。それを考えると、全然ChatGPTのほうが良いと感じています。

カウンセラーさんもやっぱり人なので、すごくガツガツ言ってくる人と、めちゃめちゃ受け止めてくれる人と、差があります。その違いに怯える自分もまたいるので、AIのほうが助かる場面も多いです。

あんまり批判をしないで、**とりあえず一旦ワンクッション置いて受け止めてくれて、そのうえで多様な意見を言ってくれるという安心感には月3,000円払う価値がある**と感じます。

やすまさ　確かに、僕とかもそうですけど、カウンセラーやソーシャルワーカーも人なので、その日の体調や状況によって対応が変わったり、いつもより批判的だったり、逆に受容的過ぎたりすることもありますよね。そういう期待を裏切られる心配がなく、24時間365日相談できるのはAIの良いところかもしれないですね。

ふき　そうですね。特に新規でカウンセリングを受ける場合は、私も緊張するし、相手も緊張していると思います。そういう小さな煩わしさがないというのが大きいです。

やすまさ　経済的にも、心理的にも、相談することのハードルがグッと下がるということですね。

ふき　はい。あと、やっぱり**人間のカウンセラーさんだと初めの2、3回は「お互いを知る時間」になっちゃう**んです。本当に悩

んでいることへのカウンセリングが始まるのが4、5回目になっちゃう。ChatGPTの場合は、**最近聞いたことも覚えてくれていて、前提情報を根掘り葉掘り聞かれることもない**んですよね。

こないだ相談内容に入力していなくても、「境界知能とかADHDであるとこういうふうに考えてしまうかもしれないですね」と回答をくれました。そのとき、なんか嬉しかったんですよね。「自分を客観的に見る」ってこういうことなのかみたいな感覚がパッと自分のなかに湧いてきて。

ChatGPTって過去の質問から学習してユーザーのことを理解しているんですかね？

やすまさ　「メモリ機能」といって直近の質問から質問者の情報を記録して回答を調整する機能があります。自分はこういうプロフィールですと記憶しておいてもらって、毎回プロンプトに入力する手間を省ける機能があったりします。

僕は素の状態の回答がほしいことが多いので、メモリ機能はオフにしているのですが、一般的な使い方の場合はオンにしておくと便利だとは思います。

完璧な人がいないのと同じで、完璧な機械はない

やすまさ　「AIに頼ってばっかりだと人間の能力が落ちるんじゃないか？」みたいな批判もあると思うんですけど、このような批判についてはどう思いますか？

ChatGPTのメモリ機能

ふき そうですね。<u>完璧な人がいないのと同じで、完璧な機械はないので、AIに苦手なことや矛盾、批判が生まれるのは自然なこと</u>かなと思っています。

　例えば、私は音楽とかオーディオ製品が好きなんですけど、好きなイヤホンについての話をAIに相談しても「つまらない返答」をされることが多いです。「好き」とか「楽しみ」みたいなところは、自分で試してみたり、オーディオが好きな人に聞いたりするほうが楽しいです。そういう感覚は忘れたくないですね。

やすまさ あ〜。僕も、ChatGPTやClaudeとの壁打ちは毎日のようにするんですけど、AIと議論するよりも、障害のある方や支援者さんとの「対話」のなかでAIの可能性を考えたり、実際に色々とみんなで使ってみるのが好きです。

　AIが「完璧な機械」だと錯覚しやすいのは、AIを使ううえ

での注意点ですね。人間も「限定合理的」なのと同様、AIもまた限定合理的であることを認められると良いのかも。

　例えば医療の世界でも、主治医とは別の医師から「セカンドオピニオン」をもらったりします。メディアの世界でも、1つのメディアだけを見ていると主張が偏ってしまうので複数のメディアに触れることが本質を捉えるためには大事だと。それと同様に、**色んな人やAIに依存先を分散していくことが「自律」**ということになるんでしょうね。

ふき　友達が自分と少し違う意見を言っていても、「この友達は、こういう背景があるから、こう考えたんだな」と理解して、全てを鵜呑みにせずに考えを受け止められると思います。

　AIも友達のような感覚で、正解や完璧を求めずに付き合うのが良いのかなと思います。

ふきさんから読者の皆さんへのメッセージ

　AIには怯えすぎず、また期待しすぎることなく、その特性をご活用してほしいと考えています。

　福祉の現場でAIを導入する際に重要なのは、人と人がつながる機会を創出し、福祉を提供する職員さんたちが潜在的にやりたいと思っていた業務や、支援者として利用者さんへの貢献に集中できるよう、時間的ゆとりを生み出す「後方支援」としての役割を果たすことにあると思っています。

　私自身、社会福祉協議会での業務経験や精神保健福祉士の資格取得に向けた学びを通じて、現場で必要とされる優先業務を支えるための効率化の重要性を感じてきました。またAIには裏方としての役割を担うだけでなく、働く人たち自身の余暇を充実させ、心身の負担を軽減するツールとしても活用できると思っています。

　現場で働く人々が自分らしい働き方を実現するために、AIを取り入れ、より豊かな支援活動と人生を紡いでいかれることを願っております。

精神疾患による「脳の機能障害」は、人間の脳を真似して作られた AI の力で補える

ゴロゴロシステムズ 井之前辰信さん

鹿児島でゴロゴロシステムズという屋号でフリーランスエンジニアとして活躍されている井之前さん。パパゲーノのクラウドファンディングにもスポンサーとしてご支援いただき、「パパゲーノ Work & Recovery（就労継続支援 B 型）」で障害のある方が日々の業務に使っているパソコンやマウスを寄付いただいています。

今回は、生成 AI を普段の仕事で活用されている井之前さんと、精神障害と生成 AI の可能性についてお話しました！

写真	
名前	井之前辰信さん
所属	個人事業主（ゴロゴロシステムズ）
診断名	精神疾患（詳細は非公表）
希望	自分の苦労した教訓から、労務・人事・業務・メンタルヘルスの課題の DX を通じて、一人でも多くの心の労働負荷の削減に寄与したい
困りごと	● 今は症状が落ち着いており、精神疾患の症状による生活や仕事の制限はあまり多くない ● 記憶力の低下など認知機能の低下は実感してお

	り、車の運転はしないようにしている。しかし、
	完全リモートワークの働き方を選択し、対人関係
	のストレス負荷もかからない工夫をしている
AI 活用法	● システム開発案件のサンプルコードの生成
	● エラーコードの原因特定と解消
	● 文章作成の補助（自分で書くと回りくどい下手な文章
	になるので生成 AI を活用）

一人でも多くの心の労働負荷の削減に寄与したい

やすまさ　就労継続支援B型「パパゲーノ Work & Recovery」で使っているパソコンやマウスを寄付いただき、その節はありがとうございました。まずは自己紹介をお願いします。

井之前　ありがとうございます。ゴロゴロシステムズの井之前辰信です。1996年生まれ、宮崎生まれ、鹿児島在住です。自分がメンタル疾患で苦労した経験から、労務・人事・業務・メンタルヘルスの課題のDXを通じて、**一人でも多くの心の労働負荷の削減に寄与したい想いでフリーランスのエンジニア**をしています。

やすまさ　メンタル疾患はいつごろに診断されたのでしょうか？

井之前　高校2年生のころ、特別進学クラスに所属していて、精

第 3 章　対話から考える生成 AI の可能性　99

神的にかなりの負荷がかかってしまったんです。それが原因で
メンタルバランスを崩し発症しました。その後1ヵ月ほど高校
は休んだのですが、何とか復学して卒業しました。

やすまさ　高校卒業後はどんなキャリアだったのでしょうか？

井之前　高校卒業後は情報系の専門学校（2年制）に進学し、卒業
後は9ヵ月程度の空白（将来を考える）期間を経て、2年間ほどシ
ステム開発の仕事をしていました。しかし、上司との関係や納
期のプレッシャーで再び体調を崩してしまいました。その後、
フリーランスのエンジニアになりました。
　会社員時代の経験をもとにメンタルヘルスや労務に関心があ
り、最近は業務外では、通信制大学で心理学を専攻したり、労
務関係の勉強もしています。

休職とコロナ禍をきっかけにフリーランスエンジニアに

やすまさ　今は個人事業主としてゴロゴロシステムズの屋号で活
動されていますが、フリーランスエンジニアになったきっかけ
は何だったのでしょうか？

井之前　会社員を辞めた後、実は大阪の企業に転職しようとして
いました。ですがちょうどコロナが流行し始めた時期で、大阪
での勤務に不安を感じました。

そこで鹿児島にいながらリモートで働く道を考え、クラウドソーシングで仕事を探すことにしました。

　最初は「ココナラ」や「クラウドワークス」で小さな案件をこなしながら貯金を切り崩して生活していました。少しずつ信頼を積み重ねて案件が増えていき、クライアントからの信頼を得ることで、より大きなプロジェクトに取り組むようになりました。

やすまさ　なるほど。最初はココナラやクラウドワークスで小さな案件から始めたのですね。具体的にどんなお仕事に取り組んできたのでしょうか？

井之前　会社員時代は車に GPS や各種センサーを取り付けて高齢ドライバーなどの運転技能を AI で評価するシステム開発であったり、CO_2 など環境系センサーをクラウドに送信するファームウェア開発やオシロスコープを用いた基板評価などしてきました。

　フリーランスでは、心理職の方と連携してメンタルヘルス関連のシステム開発であったり、社会保険労務士事務所の IT 支援、お米会社の IT 導入・保守などであったり幅広く従事しています。一時期はクラウドソーシングやエージェントを使った開発案件を受けたりもしていました。パパゲーノさんとのつながりから生まれたお仕事もあるので、人とのつながりが大切だなと思っています。

第 3 章　対話から考える生成 AI の可能性　　101

在宅勤務だから車の運転や対人関係が苦手でも働けた

やすまさ　コロナ禍がきっかけで在宅勤務（リモートワーク）を始めたということですが、疾患の症状や自分の特性から、リモートで働くのは自分に合っていると感じますか？

井之前　そうですね。<u>リモートだから働けているところは大きい</u>と思います。

　自分の場合、薬が効いて疾患の症状が寛解した後も認知機能の障害は残っていると感じています。そのため自動車の運転に自信がなく、**免許は持っているが運転はしない**と決めています。電車やバスなどを使ってなんとか生活しています。インドア派なので、なんとかなっています。地方で車移動が必要な仕事などだと、不安で働けなかったと思います。

　また、対人関係の部分でも、<u>オフィスに出社して対面で会う形だとどうしても自分の特性として人の目を気にしすぎて疲れてしまう</u>ことがあります。その点でも、リモートワークや個人事業主で業務委託契約だと、やるべき業務をしっかりしていればそれで良いというちょうど良い距離感を保った関係になれるので自分には合っていると感じています。

やすまさ　自分に合った環境を作れているのですね。実際にパパゲーノ Work & Recovery（就労継続支援 B 型）の利用者さんや見学

に来る方でも「フリーランスになりたい」「在宅で働きたい」という声はよく聞きます。

　個人事業主だと働き方を自分で調整しやすい一方で、税務署に開業届を出して確定申告をしたり、営業して仕事を受注したりと全て自分でやる必要があり、健康保険に入れず国保になったりと大変な面も多いと思うのですが、そのあたりはいかがでしたか？

井之前　最初は本当に大変でしたね。もともと事務とか営業とかは得意じゃなくて、技術が大好きなタイプです。

　フリーランスはすべて自分でやらなければならないので、営業から契約書作成、請求書の発行まで、一つ一つの業務に慣れるまで苦労しました。

　でも、やらなければならない状況に追い込まれると、不思議と慣れてくるものではあります。ゼロから業務を始めるときは大変ですが、少しずつルーティン化（定型化）して、楽に処理できるようにしています。

生成AIでコードの下書きや文章の下書きを生成する

やすまさ　生成 AI も活用していると伺いましたが、普段はどのような形で活用していますか？

井之前　生成 AI は助っ人みたいな存在です。

第 3 章　対話から考える生成 AI の可能性　　103

システム開発の際、まず ChatGPT にサンプルコードを生成
してもらい、それをもとにプロジェクトを進めています。

　エラーが発生した際には、エラーメッセージを入力するとす
ぐに解決策を提示してくれます。以前はエラー解決に何時間も
かけていたのですが、生成 AI の活用で作業時間が大幅に短縮
されました。

やすまさ　コーディングは生成 AI がすごく頼りになりますよね。
ほかに何か生成 AI を使っている場面はありますか？

井之前　実は、僕は文章を書くのが苦手で、自分で文章を書くと
長文で回りくどい下手な文章になりがちです。しかし、今では
AI に頼って文章の大枠を作成してもらい、その後、自分で修
正しています。

　例えば、ビジネスシーンで時々ある「拝啓〜〜〜」みたいな
お堅い文章とかもしっかり指示を出せば AI が作ってくれます。

やすまさ　ビジネスメールや送付状などを書くのが苦手な方は多
いですよね。それが生成 AI に頼んで一瞬で作れるのは大きい
ですね。

井之前　はい。特にビジネス文書や技術文書の作成においては、
生成 AI のサポートが非常に大きいです。5W1H を意識して指
示を出せば、少し修正するだけで使えるレベルになっています。

<u>LLM（大規模言語モデル）で疾患や障害のある方の可能性が広が</u>
<u>ることは強く実感</u>しています。

精神疾患の認知機能障害を生成AIは補完できる

やすまさ　精神疾患などの症状で困っている方にとっても、生成
AIは役に立ちそうですかね？

井之前　そうですね。<u>生成AIで精神疾患の症状による記憶力や</u>
<u>判断力の衰えをカバーできる</u>のが大きいと思います。
　精神疾患の多くは寛解に近づいても認知機能の低下が残り苦
労することが多いと聞きます。そこを生成AIで補えると、や
りたいことに挑戦したり職場で活躍したりしやすくなるのでは
ないかと思います。

やすまさ　確かに。LLM（大規模言語モデル）は<u>「大脳の機能拡張」</u>
と言われます。知識や経験を記憶したり、情報を整理して思考
したりする機能を外部にアウトソースできるので、記憶力、集
中力、判断力が弱い人こそ活用できる余地が大きいのかもしれ
ませんね。

井之前　そうですね。知識的なリソースを自分の脳内にあまり持
たなくて良いというのが良いところだと感じています。
　本でいうと<u>「目次」を知っていればいい</u>。例えば、JavaScript

第3章　対話から考える生成AIの可能性　105

の本の中身を丸暗記する必要はなく、目次とか、何ができるかがわかっていれば、あとは生成 AI に命令するだけで良い。「文字を点滅させたい」などの要件を言語化できれば良いわけです。

逆に、どういうことができるかを知らないと指示も出せません。プログラムでどういうことができるかの概略がわかれば**詳細の知識や思考は外部ストレージのような感覚で ChatGPT で補えます**。

- 「薬」で症状を抑える
- 社会生活スキルを「就労支援施設」などで実践的に身につける
- 「生成 AI」で自分に足りない機能を補う

あくまで個人の感想ですが、このような役割分担で精神疾患の症状と付き合っていけば、寛解に近づくと働ける可能性も広がるのかなと感じています。

やすまさ 大手企業で活躍するうえでは、「who knows what（誰が何を知っているか）」を知っていることが不可欠とよく言われますが、それに近い感覚ですね。

生成 AI を活用すればこういうことならできる、ということを知っていることが求められているのかなと思います。

井之前 学生時代は試験の知識を詰め込んで、**「どれだけ知識が脳内にあるか？」で評価されてきた**と思います。それが社会に

出たら「**どれだけ問題を解決できたか？**」での評価に変わります。

　脳内に知識の記憶は必要なく、生成 AI などツールを駆使して問題を解ければ良いわけです。**わからないことが何かが具体的にわかれば良い**ということだと思います。

ChatGPT をメンタルケアに使うのは難しい

やすまさ　ChatGPT を使ってカウンセリングをしたり、認知行動療法をするような取り組みもありますが、**ChatGPT を使ったメンタルケア**についてはどう思いますか？

井之前　仕事に役立つ手段としての ChatGPT の活用はしていますが、メンタルケアとしては使っていないです。対話型の AI なので、自分から能動的に対話を始める必要があります。

　自分が解決したい内容を伝えてあげないと回答は返ってこないです。あっちから「最近どう？」と投げかけてはきません。**ユーザー側が能動的に解決する意欲があることが前提になっているのが ChatGPT の特徴**だと思います。

やすまさ　メンタルケアを必要としている場面は、能動的に問題解決しようとする一歩がなかなか踏み出せないことも多いので、今の ChatGPT だとメンタルケアという意味では支援を届けるのが難しいのかもしれないですね。

第 3 章　対話から考える生成 AI の可能性　　107

そうすると、メンタルケアに使うなら ChatGPT ではなく、API で GPT-4 を自社サービスに組み込む形で、**受動的にメンタルケアを受けられるようなユーザーに寄り添った体験設計が大切**になりそうですね。

井之前　そうだと思います。今だと指示をこちらから出さないといけないですが、サービスに API で組み込む形で AI から質問をしてくれたり、適切なタイミングで「最近どう？」と投げかけてくれるような仕掛けが求められていると思います。

> **生成 AI の活用は知的好奇心と指示のテンプレ化が鍵**

やすまさ　生成 AI を使ううえで 1 番大切になることは何だと思いますか？

井之前　1 番大切なのは、**わからないことを「知りたい」と思うマインド**だと思います。ChatGPT は自分から指示を出さないと動かないので、知的探究心が重要です。
　あとは AI への指示「プロンプト」は 5W1H が大事です。ざっくりした質問だと、ざっくりした回答しか返ってこないです。
　相田みつをの詩で「とにかく具体的に動いてごらん　具体的に動けば具体的な答えが出るから」というものがあります。まさにこの詩の通りです。5W1H を満たした指示をするようにしたり、回答としてどのレベルの具体度の情報を求めているのか

を意識すると良いと思います。

やすまさ 実際に僕も毎日のように ChatGPT は使っているのですが、人に業務の依頼をするときも、AI に依頼するときも一緒で5W1H が大事だなというのは感じています。プロンプトについて調べると色んな人がコツを共有してくれていますよね。

井之前 的確な指示を生成 AI に投げるための<u>「テンプレ集」を作っておくのはおすすめ</u>です。

やすまさ 逆に生成 AI を活用するうえで、注意していることはありますか？

井之前 まずは精度の部分で、<u>生成 AI の回答を完全に鵜呑みにしないこと</u>です。あくまで叩き台のレベルだと思って使うのが良いと思います。

　あとはセキュリティの面で、無料版の生成 AI 系のサービスだとプロンプトに入力したデータが学習に使われてしまうものもあるので、<u>重要な個人情報やアクセスキーのような機密情報をプロンプトに入力しないように気をつける</u>必要があると思います。

井之前さんから読者の皆さんへのメッセージ

「自然言語処理（NLP）」の分野はここ数年で急速に成長しています。特に大規模言語モデル（LLM）を活用した AI は、ビジネスや日常生活で幅広く応用されており、業務の効率化に大きく貢献しています。みなさんもこの本を読まれて少しでも生成 AI に可能性を感じとり、こころの労働負荷を減らすツールとして利用してみてください。

　最後にみなさまへ。「つらいのは甘えだ」という人がいたら、気にしてはいけないです。無理せずゴロゴロしましょう。心や体が疲れたときには、休むことが大切です。誰かの言葉に振り回されず、自分のペースで一息ついてください。
　ゴロゴロしたり休むことで心をリセットしてまた元気になるため大事な時間になります。
　焦らず、自分を大切にしましょう!!

解離性同一性障害・発達障害の特性をAIで補い Webデザインの仕事をする

👤 パパゲーノ Work & Recovery みあさん

2023年秋ごろからパパゲーノ Work & Recovery（就労継続支援B型）の利用者として在籍し、企業の営業事務、チラシや電車広告のデザイン、e ラーニング資料の制作などの業務を担当してきたみあさん。1年間のパパゲーノでの経験を振り返り、就労継続支援B型の価値と生成 AI の可能性について議論しました。

名前	みあさん
診断名	解離性同一性障害・発達障害（ASD）
希望	● Web デザインのスキルを学びたい
	● 障害のある方など、差別や偏見で苦しんでいる方の力になりたい
	● 周りから「働いていない」「普通じゃない」と言われないようになりたい
	● 障害福祉系の資格取得にも興味がある
困りごと	● 不定期に人格が入れ替わり、認知能力やコミュニケーション能力が変わる（耳が聞こえなくなる、ひらがなしか読めなくなる、得意な作業が変わるなど）
	● ストレスで解離した際に気を失うことがある
	● 暗黙の了解や冗談が理解できない

第3章　対話から考える生成 AI の可能性

AI 活用法	● 聴覚過敏のためノイズキャンセリングイヤホンが必要
	● デザイン案に対するフィードバックをもらう
	● ひらがなしか読めないときに、業務の不明点やマニュアルについて AI にひらがなにして教えてもらう
	● 情報を自分の好みに調整できる百科辞典のような情報処理ツールとして使う

パパゲーノの「フラットさ」に驚いて働き始める

やすまさ みあさんはパパゲーノ Work & Recovery（就労継続支援B型）で働き始めてから1年くらいになると思うんですけど、最初にパパゲーノを知ったきっかけは何でしたか？

みあ 私は昔からパソコンや新しい技術に興味があって新しいスマホやアプリに触れることが大好きで、関連するスキルを学びたいと考えていました。LITALICO 仕事ナビというポータルサイトでパソコンを使った仕事ができる就労支援施設を検索して調べたところ、数箇所しか出てきませんでした。そのうちの1つがパパゲーノ Work & Recovery でした。電話したところ「明日見学に来ても大丈夫ですよ」と言われて、すぐに見学に行き、その翌月には利用を開始しました。

やすまさ　初めてパパゲーノを訪れたときの印象はどんな感じでした？

みあ　それまで通っていた施設との違いに驚きました。デイケアに通っていて精神科病院の入院も経験しているのですが、以前通っていたところは病院の一部を利用していて、どうしても「保護されている」「お世話をされている」という感覚が強かったんです。でも、パパゲーノは普通の「オフィス」のようで、利用者とスタッフが一緒に食事をしている姿がとても印象的でした。また、スタッフルームのドアも開放されていて、いつでも気軽に話しかけられる雰囲気がありました。支援者と利用者（障害当事者）のフラットな関係性がとても新鮮でした。

やすまさ　そこから色んなお仕事に挑戦いただきましたよね。具体的に、みあさんに担当いただいたお仕事も教えていただけますか？

みあ　最初は、営業事務系のデータ入力業務から始めました。その後すぐにeラーニングのスライド資料をCanvaというデザイン系のソフトで実施する仕事を担当して、数百ページに及ぶスライド資料をコツコツ制作しながらWebデザインの基礎を学んでいきました。

　ほかにも、チラシや電車広告のデザインを担当したり、最近はパパゲーノの公式Instagramアカウントの運用を任されて投

第3章　対話から考える生成AIの可能性　113

稿案を考えて Canva で画像制作をしたりしています。Web デザインのスキルを実践的に学ぶことができています。

ストレスがかかると解離して人格が入れ替わる障害

やすまさ　みあさんがお仕事をするうえで、疾患の症状や特性で困っていることはどんなことがありますか？

みあ　私は「解離性同一性障害」といって、ストレスがかかると解離して人格が入れ替わることがあります。今は 30 人ほどの人格がいて、パパゲーノのスタッフさんにもそれぞれの人格の名前や特徴を共有しています。

　対人恐怖もあり、人の存在に恐怖感を持ってしまうことがあったり、自分の背後に誰かいる気がすることがあったりします。対人恐怖が強いときは在宅勤務にすることもあります。

解離性同一性障害とは？

複数の人格が同一人物のなかにコントロールされた状態で交代して現れる精神障害。

日々の出来事や重要な個人情報、トラウマになった出来事（外傷的出来事）やストレスになる出来事など、通常なら容易に思い出せるはずの情報を思い出すことができない。

小児期に極度のストレスを受けると、自己の経験をまとまりのあ

114

> る1つの自己同一性（人格）に統合できなくなることがあると言われている。
>
> かつては「多重人格障害」と呼ばれていた。

やすまさ　パパゲーノで働いている際にも、これまで10人くらいの人格さんが出てきたことがありますよね。最初に人格が入れ替わったときは、正直、僕も驚いてどんな対応をするのが良いか迷っていたのですが、面談を重ねて少しずつみあさんの理解を深めて、良い環境作りや対応を考えて実践させていただいています。

みあ　解離性同一性障害は精神障害の世界でも知られていないので「うちは無理です」みたいな感じで断られることも多かったんですけど、パパゲーノさんは受け入れてくださって。

　仕事中に意識を失って倒れちゃって救急車で運ばれたりとか、迷惑をかけることもあったんですけど、全然嫌な顔をされなかったのでありがたかったです。

実際に行われたチャットでのやり取り(1)

@Shigoto（仕事相談スタッフ）　2024/10/04 15:18
お疲れ様です。今は朱音という人格です。
耳が聞こえないのでディスコードでお話できたら嬉しいです。よろしくお願いします。

@Shigoto（仕事相談スタッフ）
小池 泰志 / Taishi Koike　2024/10/04 15:19
よろしくお願いします！🙇

第3章　対話から考える生成AIの可能性

やすまさ　パパゲーノの場合は、あんまり疾患の名前とかでカテゴライズして見ていなくて、実際にその人がどういうことをやってみたいとか、どういう生き方を望んでいて何に困っているかを見ています。仕事をしてみたときに得意なこと、苦手なことって疾患の名前とあんまり関連ないことが多いんですよ。実際やってみたら「意外とうまくやってるな」ということもあるし、そうじゃないこともある。

　苦手なことは、個別に業務の内容を変えたり、Googleスプレッドシートやパソコンの設定などの作業環境を工夫したり、伝え方を変えたりと環境調整でアプローチしています。

実際に行われたチャットでのやり取り(2)

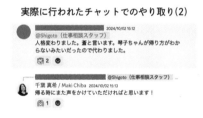

どの人格でもAIを使えば一定の仕事ができるかもしれない

やすまさ　小学生くらいの人格さんが出てきて、漢字や英語がわからず仕事をするのが難しそうになったときに、生成AI（ChatGPT）を使ってうまく業務を遂行していただいていましたよね。

みあ はい。普段から ChatGPT を業務で使っているので、AI に頼ればなんとかなるんじゃないかと思って使っていたんだと思います。ChatGPT などのツールを使えば、人格が入れ替わっても仕事を続ける方法もあることがわかってよかったです。

人格さんによっては周囲の支援者につきっきりになってもらわないといけないこともあったのですが、AI の力を使えばどの人格でも 1 人で作業を進めて一定の仕事ができるかもしれないと思えたのは大きな自信になりました。

やすまさ ひらがなしか読めない状態でも、ChatGPT に「小学生でもわかるように教えて」「ひらがなで教えて」と言えば自分にわかりやすいように教えてくれるのはありがたいですよね。

実際に行われたチャットでのやり取り(3)

第 3 章 対話から考える生成 AI の可能性

みあ そうですね。自分と同じような病気の方や、境界知能の方、学習障害の方なども ChatGPT を使えば自分の苦手なところを補完して意思疎通しやすくなるかもしれないなと感じました。

　自分自身が AI を活用することで自分らしい人生に近づくことができたので、AI を使って障害のある人の可能性が広がることについて、発信したり、研究したりすることに少しでも貢献していきたいなと思っています。

実際に行われたチャットでのやり取り(4)

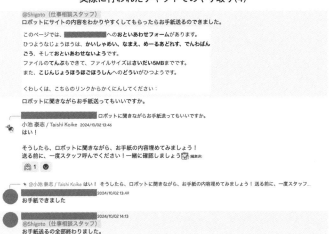

やすまさ 素敵ですね。ちなみに、みあさんの場合、ほかの人格さんがやったことのエピソード記憶は主人格にも引き継がれているんですか？

みあ　落ち着いているときは人格同士で記憶は共有できていることが多いですが、記憶が曖昧なことや、覚えていないこともあります。

　例えば、別の人格さんが美容院に行って派手な色に髪を染めていたり、パパゲーノを数日無断でお休みしていたりしたこともありました。

やすまさ　なるほど。パパゲーノとしては、面談で話したことを都度チャットでもメモに残したり、業務の依頼も文章で要件を明示するようにすることで、人格さんが変わっても業務を引き継ぎやすいよう少し意識していました。

　例えば、Canva で資料作成をご依頼する際は、1 ページ目に仕事の要件を文章で整理して記載しておくことで、いつでも見返して業務内容をすぐに確認いただけるようにしていました。

　実際、そのあたりのパパゲーノのスタッフから受けた合理的配慮についての感想も教えていただけますか？

みあ　自分のペースで仕事ができるよう配慮していただいたおかげで、とても助かりました。体調に応じて休みながら進めたり、チャットや文章で指示を明確にしていただいて混乱や抜け漏れがなるべく起きにくいようにできていたと思います。

　「何かあればすぐ相談できる」という空気を作ってくださって、気軽に相談できたのもありがたかったです。

第 3 章　対話から考える生成 AI の可能性　119

ChatGPT は全然万能じゃない情報処理ツール

やすまさ 業務でも、自己学習の時間でも ChatGPT を上手に活用していたと思うのですが、最初に使ったときはどんな印象でしたか？

みあ パパゲーノに来て初めて ChatGPT を触ったときは「Google 検索みたいだな」という印象でした。

そこから少しずつ、ChatGPT の仕組みやプロンプトの入れ方を勉強して使いこなしていくようになりました。

「情報を自分の好みに調整できる百科辞典のような情報処理ツール」として使うと良いと思っています。逆に、画像生成 AI や音楽生成 AI を創作活動に使うことには自分は抵抗があって使っていないです。

やすまさ 業務では具体的にどんな感じで ChatGPT を使っていますか？

みあ 例えば、マーケティングの施策を考えるうえで、ペルソナを作成して、どんな困りごとがあって、どんな情報を求めているのか整理するのに使っています。

一方で、今担当している Instagram のコンテンツ制作については「ニッチなテーマ」や「ネットには転がっていない生の

声」を扱おうとしていて、多分 ChatGPT に聞いても役に立たないだろうなと思ったので ChatGPT はほとんど使っていないです。

あとは、「デザイン添削くん」という GPTs なども時々使っています。チラシなどのデザインを AI に共有すると、第三者の視点から見て客観的に評価して改善案を出してくれます。デザイン 4 原則に従っているかどうかチェックしたり、より良いデザインにしていくためのアイデアを考えるうえでとても役に立っています。

やすまさ　ChatGPT の特性をしっかり理解して使うのは大事ですよね。

みあ　そうですね。ChatGPT は全然万能じゃないんですよ。「ハルシネーション」といって嘘をつきます。ChatGPT の本質は「1 番確率の高いものを出す」ということなので、確率の高い答えしかくれないんですね。万能だと過信しないことは大事だと思います。

AI は感情がないから何度聞いても怒らない

やすまさ　パパゲーノ Work & Recovery では、チャットツールのなかで「仕事相談 BOT」にメンションすると業務のマニュアルに基づいて AI が仕事の質問に答えてくれる環境を作って

第 3 章　対話から考える生成 AI の可能性　121

いると思います。仕事相談BOTは使ってみていかがでしたか？

みあ　仕事相談BOTはすごく良いと思います。**頭ではわかってるんだけど「聞いて不安を解消したい」というときもあったり**します。聞きたいんだけど、聞くと怒られそうだと思っちゃうときとかもやっぱりあって。人間だと、何度も何度も同じことを聞いてしまうと、相手が怒ってしまうのも理解できます。それを避けるために業務でわからない部分を聞かないでいると、解決もできず、結局より深刻な問題が起きて怒られちゃう。

　AIは感情がないので、何回も同じことを聞いても、いつも同じように答えてくれます。それがすごくいいところです。何度も何度も、同じことを聞いても誰も何も怒らない。**スタッフさんの時間も、利用者さんのケアや、やりたいことの応援とか、「AIにできないこと」にコミットできる時間が多くなる**と思います。

　仕事相談BOTは、障害とか病気の有無に関わらず、色んな職場やお子さんの勉強とかにも転用できる仕組みだなと感じています。

やすまさ　パパゲーノには不安感を強く感じやすい方も多いので、似たような感想はパパゲーノのほかの利用者さんからもよく伺っています。僕も新卒のときに上司の顔色を伺ってなかなか仕事が前に進まないこととかはあったので、いつでも聞ける環境

が安心できる気持ちはとてもわかります。

みあ　AI は今後、<u>先生とかメンターのような存在</u>になっていく
と思います。塾とか、学校とか、上司とかの役割として、「知
識を教えるだけ」であれば AI のほうが知識も世界中のノウハ
ウも全部詰まっていて、人間よりミスも少なくて、AI は嫌な顔
ひとつせずに答えてくれるのですごいですよね。

　でも、対面でやることの大事さも感じてはいます。対面でや
ると<u>元気をもらえる</u>んですよね。「あ、この人頑張ってるから、
自分も頑張ろう」みたいな。

　だから、「AI にできるから完全になくす」という考え方では
なくて、<u>AI と人間によるサービスがハイブリッドに共存してい
く感じが良い</u>のかなと思っています。

周囲の人から「感謝された経験」があまりなかった

やすまさ　パパゲーノ Work & Recovery で 1 年ほど働いてみて、
企業の DX 支援の仕事をしたり、AI や IT ツールについて学ん
でいくなかでどんな変化がありましたか？

みあ　1 番大きかった変化は「自己効力感」が高まったことです。
自分が「これやりたい」とか、「こういうことを形にしたい」
とか、「挑戦したい」と言っていいんだなと思いました。言う
と、スタッフさんが一緒に頑張ってくれる。選択肢を提示して

第 3 章　対話から考える生成 AI の可能性　123

くれる。それは「わーお」と思いました笑

やすまさ　リカバリー（自分らしい生き方の追求）に向けて使える社会資源を提案したり、実際にやってみるなかで困る部分を個別に支援するのが障害福祉サービスなので当たり前のことなんですけどね。

みあ　パパゲーノでは、<u>些細なことでも「ありがとう」と言ってもらえる</u>んです。以前は感謝される経験がほとんどなくて、自分の存在意義みたいなものの実感も薄かったので、その変化はとても嬉しかったです。

　障害当事者は、対人関係のトラブルを抱えやすくて、家族や友人からも孤立しがちです。そうなると医療や福祉のスタッフとしか日々話し合う相手はいなくなります。

　<u>デイケアに通っていた当時、実は「ありがとう」と誰かに言われた経験がない</u>んです。確かに何もしてないのでそうなんですけど。むしろ迷惑かけて「すみません」と謝ることが多い。それが当たり前だと思っていました。お世話される側、管理される側、与えられる側。「保育園」にいるような感覚で。<u>年齢には不相応な対応を支援者さんにされることも多いので、知らぬ間に自分のように自尊心が傷ついている</u>方はいると思います。福祉の支援者さんに何かをやってみたいとか、言ったことがなかったです。

やすまさ　施設名の「Work & Recovery（他者貢献と自分らしさの追求）」にも通じますけど、誰かに貢献して「感謝される経験」は生きる糧になりますよね。<u>仕事を通して、対等に人と関わり合い、貢献し、感謝しあえるのは就労継続支援Ｂ型の良いところ</u>だなと思います。顧客企業さんや、スタッフから感謝されることも多い。チャットで「ありがとう」のスタンプも毎日押したりしますよね。

病気の症状を「悪いところ」でなく「課題」と思えるように

みあ　あと、スタッフさんが利用者の障害特性に向き合う姿勢がすごいなと感じていました。

　私の場合、病気の症状が「タブー」じゃないですけど、「悪いところ」として捉えられることが多かったのですが、パパゲーノではやりたいことを実現するための「課題」として前向きに考えてもらえました。「これが課題だから、どうしていこうか？」という形で一緒に考えてもらえるので、自己否定する必要がなくなりました。

やすまさ　ストレングスモデルと言うんですけど、<u>「できないこと」ではなく、「できること」「興味があること」「得意なこと」などに目を向ける</u>ようにしています。そして、本人が望む生き方ややりたいことがあって、それをその人が生きる社会環境で実現するうえでどんなことに困っているのか（＝障害）を

第３章　対話から考える生成 AI の可能性　125

見るように意識しています。

みあ 「これがあなたの悪いところだよ」と言われるよりも「これが課題になるね」と言われたほうが、あまり嫌な感じはしないし、「課題に向けてこういう努力をしてみよう」という前向きな意識にもなるのですごく良かったです。

やすまさ ストレングスモデルが大事と言われる理由って、人間は本能的に「苦手なこと」「ネガティブな情報」に強く反応しちゃう生き物だからだと思うんですよね。

　原始時代に生命の危機を敏感に察知して避けられるようにするために、不安を強く感じて行動を起こすように人間の遺伝子はプログラムされています。

　「プロスペクト理論」とか「損失回避」といって、人は「得をする情報」よりも「損をしない情報」のほうが2倍以上も行動を起こしやすいです。なので、YouTube のサムネイルや SNS は、クリック率を高めるために不安を煽るものばかりになっています。

　意識しないと、「この人は過去にこんな問題行動を起こしていたんだ」といったネガティブな情報ばかりに気を取られて、その人の希望や強みを見る視点を忘れてしまうんだと思うんですよね。

みあ 個々人の得意な部分を生かし合う視点は、障害福祉に限ら

ず、人材育成・チームマネジメントをするうえでも使えそうな
考え方ですよね。

やすまさ　そうですね。誰しも得意なこと、苦手なことはあるな
かで、どう協力して Win-Win な関係を作っていくかが大事で
すからね。

障害者のいない「健常者の国」を作ったらどうなる？

みあ　やすまささんと以前、雑談しているなかで「健常者だけの
国」と「障害者だけの国」に国家が分断したらどうなるか？
の思考実験をしたのもとても印象深かったです。

やすまさ　すごい発想ですよね。

みあ　考えたきっかけは、ネットで障害者に対する心ないコメン
トを見たことでした。病気や障害のある人は隔離したほうが良
い、俺たちと関わるなとか。いわゆる優生思想とか、優生保護
法はやっぱり必要だったとか。
　「だったら国家ごと分断したらどうなるんだろう？」と、やす
まささんとホワイトボードを使って議論させてもらいました。
短期的には健常者だけの国が効率的に繁栄するかもしれないけ
れど、長期的には障害のある人たちの国家のほうが繁栄する可
能性があるという仮説が心に残りました。

第 3 章　対話から考える生成 AI の可能性　　127

やすまさ　日本は教育も、雇用も、障害のある方が分離されている側面がまだ強く残っているとも言われているんですよね。

　特に雇用に関しては、高度経済成長期に、製造業を中心に成長してきていて、当時は同質性の高い組織のほうが強かったという過去の成功体験に縛られている側面はあるのかもしれないです。

　一方で、Apple や Meta、Google（Alphabet）などがあるシリコンバレーは、世界中から起業家や多様な人材が集まり挑戦していることで有名です。もし、日本に海外から来た人がどんどん起業する街があったら、イノベーションが生まれそうですよね。

　決まったことを効率的に回すうえでは、同質性が高いチームでやったほうが早く進められます。ですが、そこから異なる技術や分野を組み合わせた新しい取り組みは生まれにくいです。得意と苦手、既知と無知の偏りがあって、多様な人が助け合う社会は、変化の激しい今の時代に必要なイノベーションが生まれやすいのではないかと思います。

みあ　確かに、障害のある人同士の社会では、お互いの弱みを補い合う文化が自然に育まれると思います。「私はあなたの苦手なところを助ける」「あなたは私の苦手なところを助ける」というギブアンドテイクの関係が成り立つ。だからこそ、得意なことに目がいき、助け合いやすいと思います。

やすまさ　そうですね。少子高齢化で衰退していく狭い市場のな

かで奪い合うだけだと、中長期的には発展しにくいです。障害のある方も含めて多様な人が活躍できる組織がイノベーションを生み出していけると良いですね。

みあさんから読者の皆さんへのメッセージ

　パパゲーノに通所し「やってみたい」「挑戦したい」ことを躊躇わずに自分の言葉で伝え行動に移す力が身についたこと、生成 AI を使うことで自分の障害や特性によるものを補ったり強みにしたりすることができると知れたことは私の一生ものの財産です。生成 AI を使用した支援が広がり、障害当事者の方もそうでない方もさまざまな人たちの挑戦が形になっていく未来が訪れることを願っています。

AIを鏡に、哲学と精神疾患を考える
ジルベルト TAKAHIRO さん

神戸にある株式会社ジルベルト就労継続支援A型事業所「THE VISION」にて東京から在宅で就労しているTAKAHIROさん。

パパゲーノが2024年9月1日に開催した「AI福祉ハッカソン」にも参加し、生成AIを用いたAI相談サービスの開発に挑戦いただきました。この対談では、AIという切り口で「哲学と精神疾患」について考えていきます。

写真	
名前	TAKAHIRO さん
所属	就労継続支援A型事業所「ジルベルト」 (在宅勤務・1日8時間×週5日勤務)
診断名	● ASD（自閉スペクトラム症） ● ADHD（注意欠如・多動症） ● 双極性障害
希望	● ジルベルトで正社員になる （ピアサポート・精神保健福祉士の資格を生かす） ● 哲学と福祉と精神疾患関連で研究をしたい。大学院の博士課程も考えている

	● YouTube での発信活動を続けていく。障害年金の申請書や就労状況のものの認知を広めたり、哲学の動画を出していきたい
困りごと	● 眠れないことに1番困っている
	● ADHD の影響で物忘れが多い、衝動性が強い、カッとして怒ってしまう
	● ASD の影響で、コミュニケーションや人間関係の構築を円滑にとることが苦手
AI 活用法	● ショート動画の制作に動画生成 AI を活用

入院していた方のほうが社会性があると気づき病院へ

やすまさ まずは自己紹介をお願いします。

TAKAHIRO 神戸にある株式会社ジルベルト 就労継続支援 A 型事業所 THE VISION を 2023 年 5 月から在宅で利用していて、フルタイム（1 日 8 時間・週 5 日）で働いています。

疾患の診断としては、現在は ASD、ADHD、双極性障害の 3 つの診断を受けている状況です。

以前、障害福祉施設で働いていた際、**ASD の診断がついている利用者さんから「TAKAHIRO さんのほうが ASD じゃないですか」と言われたのがきっかけで受診**しました。国立精神神経医療センターで検査を受けて、ASD の診断がついています。

ADHD については、物忘れの多さや衝動性・易怒性の強さ

第 3 章 対話から考える生成 AI の可能性　131

があり、2回の検査を受けて診断がつきました。

　双極性障害に関しては、障害年金を申請する際に診断がついたものになります。

やすまさ　診断を受けるきっかけは、障害福祉施設で働いていた際に利用者さんから言われたことだったんですね。

TAKAHIRO　そうです。グループホームや自立訓練、就労継続支援Ｂ型事業所を運営する法人で、正社員として働いていました。長期入院の方が多く、同じ病院から来る利用者同士が友達になりやすくて、和気あいあいとした雰囲気がありました。
「入院している人たちのほうが、自分よりもよっぽど社会性があるぞ」ということに驚きました。本音も冗談もうまく言い合っているんです。自分はコミュニケーションや人間関係の構築が苦手なんだと実感して、病院での診断を受けようと思いました。24〜25才ごろ、社会人1年目のタイミングでした。

神戸の就労継続支援Ａ型で東京の自宅から在宅で働く

やすまさ　今は就労継続支援Ａ型事業所「THE VISION」さんで利用者として雇用契約を結んで働かれていると思いますが、どんな経緯で「THE VISION」さんで働き始めたのでしょうか？

TAKAHIRO　ジルベルトで働き始めたのは2023年5月からです。

新卒で入社した障害福祉施設を辞めた後、2年半ほど傷病手当金と失業保険を受給していました。その後、タクシーの配車オペレーターとして働きました。電話を受けてタクシーを手配する仕事をしていたのですが、とても辛くて6ヵ月ほどで退職しました。

そのタイミングで、アルバイトをするなら就労継続支援A型事業所の利用もありかもしれないと考え始めました。1社目の障害福祉施設での勤務経験から、A型の存在を知っていたことは大きかったです。そして2023年4月に焼き鳥の串打ちをする就労継続支援A型事業所で働き始めたのですが、体力的に厳しく、将来性が見えないため、すぐにほかの仕事を探すことにしました。そのときに、X（旧Twitter）のジルベルトの利用者の投稿で「在宅で働ける就労継続支援A型」があると知り、Xでつながったジルベルトの利用者さんにサビ管（サービス管理責任者）を紹介していただいて、体験を経て、雇用契約するに至りました。

やすまさ 東京に住みながら、神戸の就労継続支援A型に所属して在宅で働くってすごいですよね！

TAKAHIRO そうですね。月に1度は支援員の方に東京に来ていただいて面談をしています。それ以外は、基本的に自宅からパソコンを使って問題なく仕事ができています。

第3章 対話から考える生成AIの可能性 133

利用者が無理なく働ける範囲で徐々にステップアップ

やすまさ 「ジルベルト」さんといえば、障害福祉業界では YouTube がとても有名だと思います。YouTube で見ていて、「障がい者を納税者に」とか、結構ガツガツした印象が強いのですが、実際にジルベルトさんで働いてみていかがですか?

TAKAHIRO 「障がい者を納税者に」というワードが強いのでスパルタな印象を受けるかもしれませんが、実際は、利用者が無理なく働ける範囲で徐々にステップアップする形で進められています。

　思っていた以上に「王道なことをしているな」と感じています。実際、YouTube で話していることも、突飛なことを言っているわけではないのかなと思います。

やすまさ 仕事内容としては、どのようなことをされているんですか?

TAKAHIRO 公式 Twitter の運用や投稿の作成、資料作成などの業務があります。今年度からは動画編集に力を入れて、スタッフ 10 人ほどで、外部からの動画編集案件を受けています。施設外就労として、電化製品の出品代行や古着の販売なども行っ

ています。

　私は少し特殊な業務として、業務委託を受けているコンサルティング案件の資料作成などを任されています。例えば、クライアントとの会議の文字起こしデータをもとに、クライアントからの質問に対する回答をわかりやすくまとめ、マニュアル化して、社員が共有できる文章を作ったりしています。

就労継続支援Ａ型で働きながら、副業でYouTubeを始める

やすまさ　TAKAHIROさんはYouTubeやブログも活動されていますよね。こういった活動はどんなきっかけで始めたんですか？

TAKAHIRO　もともとジルベルトは1日4時間勤務でした。そこから「収入を増やしたい」と考え、自分が住んでいる自治体は就労継続支援Ａ型の利用をしていても副業・アルバイトが可能だと確認できたので、副業・アルバイトを検討しました。それをジルベルトに相談したところ「まずは勤務時間を延長するのはどうか」と提案があり、現在は8時間勤務となっています。

　1日8時間・週5日勤務にも慣れてきたので、精神保健福祉士の資格を生かしてさらに収入を確保できないかと考え、YouTubeとブログを始めました。

やすまさ　動画編集などはもともと得意だったんですか？

TAKAHIRO　動画編集のスキルは、全くありませんでした。な
ので、ジルベルトで動画編集の仕事をやって基礎を学んでいま
す。どの動画編集ソフトも基礎は一緒なので、あとは独学でい
くつかのツールを使っています。最近は YouTube で障害年金
について発信するゆっくり動画を「ゆっくりムービーメー
カー」という編集ソフトを使用して作成し、投稿しています。

やすまさ　YouTube チャンネルを見ると、妖怪のショート動画も
たくさん公開されていますよね。

TAKAHIRO　YouTube のショート動画で妖怪の動画が再生され
ているのを見て「これなら自分もできるかも」と思って始めま
した。ChatGPT で妖怪の画像を生成し、Haiper AI（ハイパー AI）
で妖怪を動かして動画にしています。それが意外とうまくいっ
て再生数も伸びたので、継続的に制作しています。

やすまさ　副業で収入を増やすために始めたということでしたが、
収益化はできているのでしょうか？

TAKAHIRO　YouTube やブログからの収益は、まだ全然上がっ
ていません。YouTube は、ようやく 10 月の後半に収益化が可
能になりました。
　　次のハードルは YouTube から収入を実際に得ることです。
ただ実際に収益化を目指すなかで、視聴回数が増えたり、チャ

ンネル登録者数が増えていくのは面白かったです。

やすまさ　着実に努力されているんですね。広告をつけるのを目標に攻略していくのも楽しんでいる印象です。

TAKAHIRO　最初は手応えがありませんでしたが、努力すれば実現可能な目標だと実感できてからは YouTube の動画制作も楽しく取り組めるようになりました。

「ナラティブ」の重要性を学問したい

やすまさ　今後挑戦したいことや目標を教えていただけますか？

TAKAHIRO　まず、ジルベルトで正社員になることが目標です。ピアサポートと精神保健福祉士の資格を生かして障害のある方の支援に貢献したいと思っています。また、哲学や障害福祉、精神疾患についての研究もしてみたいですね。大学院の博士課程に進むことも検討しています。YouTube 活動を続けることも大事な目標です。自分の障害年金の診断書や就労状況申立書を公開することで、認知度が上がればいいなと考えています。哲学を生かした趣味の動画も発信していきたいです。

やすまさ　哲学についてはどのようなことを発信していきたいですか？

第 3 章　対話から考える生成 AI の可能性　　137

TAKAHIRO　精神疾患を抱える人たちの「語り」そのものが自己のリカバリーにつながり、知の一形態としても成立するということの探究ですね。単なる思い込みではなく「独自の知を持つ語り」として認識されるような研究をしたいと考えています。

やすまさ　なるほど！　パパゲーノが掲げている「リカバリーの社会実装」や、精神障害当事者の語りを届ける「リカバリーナラティブ事業」にも通ずるものがありそうです。

TAKAHIRO　哲学の観点から見ると、かつて精神疾患を持つ人々は「存在しないもの」と認識されていたんです。カントの時代には、「人権」とは理性的な主体のみ該当して、精神疾患者は「理性的でない内容を語る」ために、排除されていました。

　戯言、妄想、他人に理解されないものを語る精神疾患の人は、理性的な人格としての人間主体を認めたい運動の真逆にあったんですね。

　しかし現代では、障害福祉や哲学の分野で、精神疾患の当事者が自分の物語を語り、体験を共有する「リカバリー」や「ナラティブ」を重視した動きが広がってきています。

　例えば、「べてるの家」が有名です。統合失調症の方に妄想の内容を語らせ、それを通じて世界観を共有し、一緒にその人の統合失調症の世界を共に歩むという取り組みが行われています。

　当事者が社会からの抑圧や強制を受けず、自由に語ることが

できる環境があるべきで、その語りには知の普遍性や妥当性、固有性や必然性があると私は考えています。世界と関わりあいながら、自分を表現することを通じて自己の回復（リカバリー）につながると思っています。

疾患の名前はあっても、どう生きるかは「個別」の問題

やすまさ　障害という言葉自体、今では「医学モデル」ではなく「社会モデル」といって、障害は個人ではなく「社会環境」にあるという考え方が一般化しつつありますよね。

TAKAHIRO　疾患や障害というと、名前がついて、一般化・概念化されてしまいます。ですが、疾患名はあっても、「何が生きるうえでの障害になっているか」「障害とどう向き合いながら生きるか」というのは、非常に個の問題になります。

　当事者がどう感じて何を語るか、どう生きたいのか。「自己」という唯一無二で代替不可能な存在をどう回復し、どう生きていくか。あるいは「この自己の人生でよかった」と、どうしたら人生の肯定が自覚できるのか、が重要ですね。

　この視点から着想すると、より意義ある議論ができるのではないかと思います。

やすまさ　個人に固有の「リカバリー」や「生きててよかったという実感」が大事というのは、まさに障害福祉施設を運営して

第3章　対話から考える生成AIの可能性　　139

いても実感しています。

TAKAHIRO 「普遍的な真理の追求」よりは、「個々の生き方」、その瞬間、瞬間の現実にある自己と世界を肯定できるかに着目する「実存主義」の流れが、障害福祉や精神医療におけるリカバリーという概念の裏水脈としてあると思っています。

「道徳法則」や「人間はこうあるべき」という規範やモラルに従うよりも、「個人の独自性」を重視して、自己自身と世界が一体となり、どれだけそれを肯定できるかという方向に近づいていくのかなと思います。

例えば、LGBTQ の文脈でも議論されていますが、「人間としてこうあるべき」という固定的で画一的な価値観から解放されて、今生きている「個人」を尊重して、今の現実や事実をどう肯定できるかを考えるほうが建設的です。

やすまさ 僕も大学生のときにキルケゴールの「実存主義」に触れて、勇気づけられたのを覚えています。

TAKAHIRO キルケゴールが語る『死に至る病』の「絶望」は、うつ病に通じるものがあると思います。彼の定義では「死が希望となるほどに危険が大きいとき、そのときの、死ぬことさえもできないという希望のなさ」という状況が絶望であり、自己だけではどうにもならないという状態です。絶望を克服するために、キルケゴールは「絶対者」を説いています。「神の前に

ただひとりで立つ」ことで絶望は救済されるわけです。

　絶対者や神などが出てきて壮大な話にも聞こえますが、キルケゴールの肝は「ただひとりで立つ」という単独者の姿勢、それも能動的に「立つ」という根源的な主体性、つまりは「固有の自我」をどう生きるかに通じているところにあります。

　うつ病に限らず、疾患の回復も「万人を治療する共通の方法」ではなく「固有の自我をどう生きるか」という視点で語ることができればと感じますね。

やすまさ　聞けば聞くほど、哲学を学ぶことは障害福祉の支援現場で役に立ちそうですね。

TAKAHIRO　とはいえ、哲学は簡単ではなく、劇的な解決策というわけでもないです。自己啓発本のように「1冊読んで人生が変わる」ような即効性はありませんが、哲学的な視点に触れることで得られるものは確かにあります。精神疾患に関わっていると、やはり「人生」や「生きること」そのものが課題として浮き上がる場面が多いです。哲学の視点が少しでも頭の片隅にあると、困っている障害当事者に対する捉え方や支援の幅も広がるのではないかと思います。

「こう生きれば幸せだ」といった指針がない時代

やすまさ　ジルベルトさんで社員を目指したり、哲学や精神疾患

第 3 章　対話から考える生成 AI の可能性　　141

の研究をしたり、YouTube での発信などに挑戦されていますが、疾患の症状として生活や仕事で困っている部分はどんなことがありますか？

TAKAHIRO　寝られないことと、時折うつ症状として「無価値感」が出てしまうことに困っています。

　睡眠の問題は睡眠薬が処方されています。

　うつ症状については、一種の「無意味さ」を感じてしまうんです。カウンセラーさんからは「哲学をやっていたから、そういう発想になるんだね」と言われます。

　例えば、死にたいと思う人は「元気になりたいけど、元気になれないから死にたい」などと条件付きで「死にたい」と考えることが多い印象です。「こうなれば生きたい」と考える条件が潜んでいる「条件付きの死にたい」である場合、条件が満たされれば生きる意欲も戻る可能性があります。

　しかし、私の場合は、「人生そのものを肯定できないから、生きている意味が感じられない」といった感覚なんです。幸福になるための条件が全て満たされても、おそらく幸福であると共に人生の虚無観を感じてしまうのが自分のうつの感覚です。

　ふとした瞬間に「今やっていることに意味がない」と感じてしまいます。目的を達成することにやりがいを感じるのもありますが、ふと同時に馬鹿馬鹿しく思えてもきます。

　よく「穴の空いたバケツで水を汲んでいるような状態」と自分は表現するんですが、そんなふうな無意味さがつきまとって

しまうのが困る点です。

　もともとこうだったのか、それとも哲学を学び始めてからなのかはわからないんですが、何をしていても空虚さを感じてしまうことが多いですね。

やすまさ　空虚感が出てきたときは、どのように対処しているんですか？

TAKAHIRO　そういう思考になったら、まず休みます。横になって手を止め、リラックスできるようにします。

　また、月に１回カウンセリングを受けていて、その際に「どうすればそう思わなくなるか」という考え方について話します。対話のなかで考え方を少しずつ広げていく感じです。自分の考えだけに固まらず、他者と話すことで視野を広げるようにしています。

やすまさ　技術革新と経済成長で、日本も自由で豊かになってはいると思うのですが、何となく空虚さを感じている人は少なくないように思います。僕も大学時代に「生きることの意味」がわからず、哲学に救いを求めていた時期がありました。

TAKAHIRO　現代は宗教的な価値観が崩れ、「こう生きれば幸せだ」といった指針がない時代です。例えば、キリスト教が「こう生きれば幸せですよ」と教えてくれても説得力がない。ニー

第 3 章　対話から考える生成 AI の可能性　143

チェではないですが、「神が死んだ」後の時代に我々は生きているわけです。少なくとも、自分はそのように自覚しています。

　好きに生きられる代わりに、自分で意味を構築して見出さなければならない。そのために、虚無感を抱くことが多い気がします。

　理想は「そういうときに生きることそのものに意味がある」と自覚することなのですが、辛いこともあって、そのような自覚ができないので悩んでしまいますよね。

　反出生主義（生まれてこないほうが幸せで、新たな命を産まないほうが良い）という考え方もありますが、自分は「生きていることそのものに価値がある」「存在していることそのものが意味である」と考えたいです。どんなに苦しい人生でも、「生命そのもの、存在していることそのものに価値があると思考するのが重要」と思っています。

　哲学を通じてその感覚が深まるのか、ほかの方法でもそうなれるのか、その方法論は気になるところです。

　物語を作るという行為もまた、生きる価値の自覚を深める一助になるのではと感じています。ヤコービという人物がフィヒテという哲学者を批判したときの文脈にあるのですが、どのような活動であっても、主観だけによる活動では客観性を得られず虚無の上に「空転」してニヒリズムに陥るというものがあります。

　物語を語る際も、ひいては表現行為全てに通じますが、全部自己の自由には表現できない制約があるからこそ、世界と他者

とつながり、自己を全肯定できる側面があるのかなと考えています。

AIによって再定義されるソーシャルワーカーの役割

やすまさ 生成AIについてはどのように捉えていますか？

TAKAHIRO 現在は主にYouTubeのコンテンツ作成で生成AIを活用しています。また、先日パパゲーノさんが開催していたAI福祉ハッカソンでは、AIにコードを書かせてAI相談窓口のサービスを開発してみることにも挑戦しました。

　画像生成で使うことが多く、AIの偶然性を楽しむような使い方をしています。同じ指示（プロンプト）でも出力される画像は毎回異なります。AIというと決定された機械論的なものと思い込みがちですが、「AIに自由な発想をさせたらどうなるか？」を楽しんでいます。

やすまさ アートの世界でも、「AIを通じて、人間の本質やアートの本質の理解が深まっている」という話を聞いたことがあって、確かにと感じました。

　AIに任せられるものが増えていくと、人間の本質的な価値や、ソーシャルワーカーの役割も再定義される気がします。

TAKAHIRO 工場ができたときにも、「職人が失われるんじゃな

第3章　対話から考える生成AIの可能性　145

いか」と言われていました。でも、聞いた話ですがスペースシャトルのネジは今でも特定の職人の手で作られているそうです。

　機械が発達すればするほど、「人間の固有性」が浮き彫りになります。AI が描く絵が増えても、ダ・ヴィンチの作品は彼にしか描けなかったように、「人間のオリジナリティは際立つ」と思います。

やすまさ　一方で、ChatGPT などの LLM を使っていると、本当に賢くて、進化のスピードもすごいですよね。これまでの機械と人間との競争とはまた別の次元で、「AI が人間の知能を超える」とも言われていますが、どう思いますか？

TAKAHIRO　AI がいくら賢くなっても、例えば「哲学する」という行為は AI にはできないと思っています。哲学するとは、「概念化し得ないものを概念化していく作業」です。AI に文章を読ませて、既存の概念に基づいて文章を作ることはできるのですが、概念化されてないことを概念化することは難しいと思っています。

　例えば人間が「走る」というとき。「走る」と「歩く」の差は曖昧で言語化し得ない世界を人間は生きています。「走る」と「歩く」という曖昧な世界を、人間は表現して言葉を生成していきます。「赤」という色も、さまざまなグラデーションがあるなかで、ある特定の色を「赤」という概念で表現して生きているわけです。

現代文を読ませて、大事な点を要約することはできると思うのですが、意味を作り直す、言葉や言葉の意味を創造していくような作業は人間にしかできないのかなと思います。

　まさに、意味や価値を創造して、言葉を紡ぐナラティブのような行為が人間の価値になるということです。

やすまさ　最後に、AI時代のソーシャルワーカーの役割はどうなっていくと思いますか？

TAKAHIRO　支援者としての仕事の仕方や役割は、大きく変わっていくと思います。AIを使ったら「最適解」がすぐに見つかります。障害のある人に対して「専門知識を武器に最適解を教える」ということの価値は相対的に低いものになるでしょう。

　今後の人間の価値は「行動」で決まり、「行為の現場」に立ち戻ってくると思います。

　利用者と一緒に話し合いをする、行動を一緒にすることでイメージが膨らんで、進むべき道先も見えてくる。そういう「行為の伴走者」としての役割が強くなっていくのかなと思います。

第 3 章　対話から考える生成 AI の可能性　147

TAKAHIRO さんから読者の皆さんへのメッセージ

アリストテレスという哲学者が言うように、人間は動物で
も神でもない存在のため、1人で生きていくことはできませ
ん。そのため、人間は共同体に属して自分ではない他者との
共存が必要不可欠な存在です。

しかし、滝山病院での虐待の事例やコロナ禍で満足な治療
を受けることができなかった事例など、まだまだ精神障害者
は社会から疎外されています。当たり前の自由や人権すら与
えられていないのかもしれません。

しかし精神障害者だとしても決して別の世界の別の生き物
ではありません。同じ大地を踏み、同じ空を見上げて、同じ
世界を生きる人間です。

全ての人が精神障害者を受け入れるのは困難なことです。
だからこそ精神障害者に携わる福祉人は精神障害者の人生の
伴走者であってほしいと当事者として強く思います。人間、
誰か1人だけでも自分を推してくれる人がいるとわかると嬉
しいものです。リカバリーはこうした些細な関係からも生ま
れる気がしています。

精神疾患や生きづらさを感じている人に勇気や希望を与えたい　　みるくまのしっぽさん

　双極性障害、不安障害（パニック、嘔吐・会食恐怖）、複雑性 PTSD。保育士とコンカフェ嬢のアルバイトを週 5 日やりながら、2022 年 2 月から TikTok・YouTube で精神疾患に関する情報発信をしている、みるくまのしっぽさん。活動の背景にある想いや、困っていることを伺いました。

写真	
名前	みるくまのしっぽさん（20 代）
所属	TikTok・YouTube などでの発信活動／保育士／コンカフェ嬢
診断名	双極性障害・不安障害（パニック、嘔吐・会食恐怖）・複雑性 PTSD
希望	● 精神疾患や生きづらさを感じている人に勇気や希望を与えたい ● 将来は TikTok や YouTube などでの発信活動を通して生活費を稼げるようになりたい
困りごと	● 病気の症状で仕事が長続きしなかったり、長時間働けず収入が低い

第 3 章　対話から考える生成 AI の可能性

AI 活用法	● 気分の波がありコントロールするのが難しい
	● 動画の企画や台本制作、SNS 投稿作成、文字起こしなどに活用

保育士やコンカフェ嬢をしながら SNS で活動

やすまさ みるくまさんはパパゲーノ Work & Recovery（就労継続支援 B 型）の体験にも来ていただいたり、YouTube でも何度か対談させていただいています。簡単に自己紹介をお願いします。

みるくま アルバイトで保育士やコンカフェ嬢をしながら、2022年 2 月から TikTok で精神疾患に関する動画を投稿したり、配信活動を始めています。2023 年 7 月から YouTube の動画投稿もしています。私自身精神疾患を持っており、双極症、不安症、PTSD などを抱えています。

やすまさ TikTok や YouTube にたくさんファンがいらっしゃいますよね。具体的にはどんな活動をしているのですか？

みるくま TikTok の動画では**精神疾患に関する情報を発信**しています。例えば、病気に関する解説や対処法などです。自分の経験に基づいて感じたことやアドバイス、同じような生きづらさを抱えた人に向けて応援メッセージなども発信しています。ライブ配信では視聴者さんの悩みや質問に答え、視聴者さんが

自由に発言できる居場所を作っています。

　ほかにも１年ほど前から、「うつカフェ」という**うつ病や生きづらさを抱えた人が集まってお話をする当事者団体の PR を担当**させていただいており、障害福祉関連の企業さんや主に障害や生きづらさを抱えたほかのクリエイターさんとのコラボもしています。

精神疾患や生きづらさを感じている人に勇気を与えたい

やすまさ　どんな想いで TikTok や YouTube での発信活動をされているのですか？

みるくま　私が活動している理由は主に３つあります。

　１つ目が**精神疾患への理解を世の中に広めたい**ということです。

　日本では精神疾患に対する偏見などが根強くあり、そのため、精神疾患を抱える人が生きにくい状況です。精神疾患について正しい知識を持ってもらい、精神疾患を抱える人が生きやすい社会になることに少しでも貢献できたらと考えています。

　２つ目が**精神疾患や生きづらさを感じている人に勇気や希望を与えたい**という想いです。

　私自身精神疾患を抱えていますが、精神疾患があっても、

第 3 章　対話から考える生成 AI の可能性

色々なことに挑戦することができる、辛いときがあっても、症状を安定させ付き合っていきながら穏やかで楽しい日常を送ることもできるということを私の生き方を見て知ってもらえたらと思います。今、辛い状況にある人も私が活動する姿を見て私も踏ん張ってみようかな、そんなふうに思ってくれたら嬉しいです。

3つ目が<u>精神疾患を抱える人や、生きづらさを感じている人が、発言できる場所を作りたい</u>と思っています。

精神疾患を抱えると、自分の気持ちを話せる場所がなかったり、1人で抱え込んでしまうことが多いと思います。そういう方たちが、少しでも自分の気持ちを発言し、自分の気持ちを言ってもいいんだと思ってもらいたいし、話すことで気持ちが楽になってくれたら嬉しいなと思います。

やすまさ なるほど。精神疾患の当事者としての経験をもとに、似たような境遇の方の力になろうと活動されているんですね。

みるくま はい。私自身1人で抱え込んでしまうことがあったので、<u>「1人で苦しむ人が1人でも減るといいな」</u>というのと、<u>「人に話すこと、頼ることをする第1歩として私のライブを使ってくれたらいいな」</u>と思います。

今後は動画投稿、ライブ配信を続けていくことはもちろん、もっと活動範囲を広げて精神疾患の方に関わらず色々な障害や

生きづらさを感じている人とお話しをして、私自身勉強しながら、**みんなが生きやすい支え合える社会を作ることに少しでも貢献したい**と考えています。

やすまさ　ちなみに、動画編集は最初どうやって学んだんですか？ TikTok や YouTube で情報発信したいという方もいると思うのですが、なかなか動画編集スキルがなくて難しい方もいるのかなと。

みるくま　最初は動画編集のやり方をネットで検索していました。簡単な編集だったので、みんなが TikTok でやっている手法を動画編集アプリで真似してみるところから始めました。

　少し複雑な動画編集は、TikTok で「この動画どうやって作る？」みたいな動画を見て学んでいました。ほかの人の TIkTok や YouTube の動画を見て「こういう場面でこういうテロップを出せばいいのか」などと学んだりもしています。

双極性障害、不安症、複雑性PTSDで苦しんだ経験

やすまさ　みるくまさん自身の精神疾患の症状についても教えていただけますか？

みるくま　私の場合、診断名は双極性障害、不安症、複雑性 PTSD の 3 つがあります。

【双極性障害】

双極性障害については6年前に診断を受けました。気分の波が激しく、躁状態により散財、性的逸脱行為、イライラや焦燥感、人間関係の破綻などさまざまなことを経験してきました。また、うつ状態になると無気力になり、何度も仕事を休んだり、自責の念に駆られます。混合状態により希死念慮が出ることもあります。

ここ半年ほどは落ち着いて、薬でコントロールしながらなんとか一人暮らしができています。

【不安症】

不安症については、2年ほど前に、さまざまなストレスが重なったのか突然パニック発作が起きてしまい、息苦しさや吐き気、動悸などの症状が出るようになりました。

特に疲れが溜まっているときや緊張しているときなどは症状が出やすく、1人で外出することに恐怖を感じていました。

現在はストレスを溜めないように意識しており、症状は落ち着いていますが、疲れやストレスが溜まると時々症状が出ることがあります。そして、緊張や不安で吐き気が強く出ることがありそのため、吐くことが怖くて食事が取れなかったり、人との会食でも「吐くのではないか」という不安により会食の場面を避けてしまうということもありました。現在はだいぶ落ち着いています。

【複雑性PTSD】

　複雑性PTSDについては、中学時代のいじめ、家庭環境の問題によりトラウマを抱え、フラッシュバックや悪夢、焦燥感や不安感を感じることがあります。人を信じられず、人間関係が上手く築けず、生きづらさを感じています。

やすまさ　最近は、生活面でどんなことに困っていますか？

みるくま　病気の症状で仕事が長続きしなかったり、多く働けないため収入が低く、<u>お金がなくて生活が苦しいのが1番大きい</u>です。

　調子が悪いときは少しのことで疲れやすく動くことができなかったり、仕事や活動、遊ぶことも負担になります。楽しいはずのことでも疲れてしまい、帰ってから号泣することもあります。

　気持ちが不安定なときもよくあり、コントロールが難しく感じるときがあります。

生成AIをYouTubeやTikTokの発信活動に活用する

やすまさ　以前、パパゲーノ Work & Recovery（就労継続支援B型）の体験をしていただいた際にAIについても体験いただいたと思うんですけど、最近は何か使われたりしていますか？

第3章　対話から考える生成AIの可能性　155

みるくま <u>YouTube の台本制作や、TikTok での動画の話題など</u>
<u>を Copilot（コパイロット）という AI ツールを使って作る</u>ことが
あります。まだ試しに使っている段階で使いこなせているわけ
ではないですが、やすまささんや、うつカフェ代表の方にもア
ドバイスをいただきながら、今後の活動に積極的に取り入れて
いきたいと思っております。

やすまさ 実際に生成 AI を使ってみるなかで、困っていること
とか、こういうサポートがあると嬉しいとかってありますか？

みるくま 私はお金がなくてパソコンが買えず、YouTube も
TikTok も全部スマホ 1 つでやっています。動画編集はパソコン
があれば細かい部分までカット編集ができたり、テロップを入
れやすいと聞きますがそれができていません。
　<u>YouTube で動画制作をするなら、やっぱりパソコンがほし</u>
<u>い</u>です。色々あって家出をしてしまったので、ちょっとそこま
でお金がかけられないのが現状なのですが。
　私と同じような立場の人がいるかどうかわからないですが、
精神疾患や障害について発信したいけどスマホしか機材がなく
て困っている方はほかにもいらっしゃるかもしれないです。

やすまさ 動画編集をするとなると、パソコンもある程度のスペ
ックが求められて中古でも「6～10万円」くらいの予算感にな
ってしまいますもんね。パパゲーノ Work & Recovery（就労継続

支援B型）を利用している方にも、パソコンを持っていなくて「Macを使ってみたい」という理由で通所いただいている方もいます。

でも、みるくまさんのように**スマホ1つで活動されている方がいるというのは勇気づけられる方も多い**と思います。今はスマホ1つで、動画の撮影、編集、公開までできるので、小さく始めることはやりやすくなってきていますよね。

みるくま　あとは、台本制作、動画編集、概要欄の文章作成、XやInstagramの投稿文面の作成など、クリエイターとしてやることがたくさんあって、**全部1人でやっていて大変なので少しでもAIを味方にできたら心強い**なと思います。

将来はSNSの活動で食べていけるようになりたい

やすまさ　今はアルバイトを週に5日されていて、それに加えてTikTokとYouTubeでの発信活動と、うつCAFEのPR担当と、かなり精力的に活動されていますよね。今後の活動の展望は何かあるのでしょうか？

みるくま　やっぱり経済面ですごく苦しくて、体調の波があるなかでも安定した収入が得られるようにTikTokやYouTubeでの活動を通して生活費を稼げるようにできないかとは考えて試行錯誤しています。やっていてすごい楽しいし、自分の経験を生

第3章　対話から考える生成AIの可能性　157

かせる点にやりがいを感じているので、**将来的には TikTok や YouTube での活動1本で食べていけるようになりたい**と思っています。

やすまさ　収入面のところが大きいのですね。障害年金は受給されているのでしょうか？

みるくま　障害年金は受給していません。申請もしていないです。週2〜3回働いていたころに社労士さんに相談したら「もっと具合が悪いときに申請したほうが良い」と言われて。書類揃えるのも大変なので挫けてしまい、結局、申請はしていないです。今だと週5日で働けているので、申請しても厳しいかもしれないですね。

やすまさ　なるほど。TikTok や YouTube での活動でファンも増えてきていると思うので、少しずつ収益化して生活費が稼げるようになると良いですね。僕も個人事業主として副業は長くしていたので、個人事業主としての仕事の取り方や確定申告についても、もしお力になれそうなことがあればいつでもご連絡ください。

みるくま　ありがとうございます。色々と仕事については考え中で。SNS や広報にも興味はあるし、障害福祉にも興味があります。2024年12月21日には「東京こころフェス！」という大き

なイベントでもブース展示やグッズ販売をすることに挑戦しました。たくさんのお客さんを迎え、喜んで帰ってくださる様子を見て胸が熱くなりました。

　どういう形で社会に貢献していくか悩み中ですが、今後もできることを1つずつ挑戦していきたいと思います。

みるくまのしっぽさんから読者の皆さんへのメッセージ

　「生成AI」がとても進化していることをやすまささんにも教えていただき、障害を発信するクリエイター、支援者としても、もっとAIを活用するべきだと考えています。

　色んな人の挑戦を応援する強い味方になってくれると思います。一緒に学びながら、うまく活用していきましょう。私も引き続き活動をがんばってまいります。

第3章のまとめ

- ☑ 精神障害、発達障害、知的障害など脳の機能障害について AI を頼るとできることが増えやすい

- ☑ メンタルケアとして AI を使っている人と、使っていない人に分かれる。能動的に使う必要があるのが今の AI の課題

- ☑ カウンセラーに 1 万円かかることを考えると、月 3,000 円を ChatGPT に課金するのは合理的

- ☑ AI は他の社会資源と同様、万能ではないので AI に対する援助要請スキルを高める必要がある

第**4**章

生成AIによる支援現場のDX実践

第4章では、障害福祉施設などの支援現場のDXに生成AIを活用していく実践的な知見を紹介します。

パパゲーノ Work & Recovery（就労継続支援B型）のAI活用事例の紹介、7つのAI活用の実践方法、障害福祉業界のDXの実態調査の結果を紹介します。

第4章で考える問い

- パパゲーノでは支援現場のDXにどうやってAIを活用している？
- AI導入による費用対効果はどの程度？
- 自分の事業所でAIを使うには何から始めれば良い？

パパゲーノが導入している サービス一覧

2024年12月時点でパパゲーノ Work & Recovery で主に利用している Web サービスは以下の通りです。

料金	分類	サービス名	できること・特徴
無料（Google Work space は1人月680円～）	文書作成	Google ドキュメント	Wordと同様の文書作成ツール
	表計算	Google スプレッドシート	Excelと同様の表計算ツール
	メール	Gmail	メールの送受信ができる
	ストレージ	Googleドライブ	ファイルの保存、共有ができる
	ノーコード開発	AppSheet	Googleスプレッドシートをデータベースにしてノーコードでアプリ開発ができる
	業務自動化	Google Apps Script	Googleのアプリを自動的に動かすプログラムを作成できる
月3000円ほど	対話型AI	ChatGPT	コード生成や文章生成、要約など大規模言語モデルを手軽にチャット形式で使える。GPTsや音声会話機能も便利
従量課金	各種AIを組み込む	OpenAI API	OpenAIが開発している各種AIを自社のGoogleスプレッドシートやDiscordなどに手軽かつ安価に組み込める
月100円ほど	サーバーレスホスティング	Fly.io	自分が使っているチャットツールでOpenAIのAPIを動かす際に処理速度が早く使いやすい
無料	チャット	Discord	無料で多機能なチャットツール

※海外のサービスはドル円の為替の影響を受けて請求金額は変わることがあります。

障害福祉施設を運営されている方は、ぜひ AI に相談しながら、真似して自社にあった業務管理システムを実装してみていただけたらと思います。

「AI支援員」を採用した結果、月に20万円分の働きをした

パパゲーノ Work & Recovery では、障害のある方の支援には ChatGPT（主に GPT-4o）を使いつつ、運営業務は OpenAI の API を使って「AI支援員」を作り秘書のような形で業務を助けてもらっています。

AI支援員の仕事量

AI支援員は、ざっくり人間換算すると毎月「153時間分」の以下のような仕事をしてくれています。

- **記録作成**：0.5 時間× 60 件＝ 30 時間
- **個別支援計画の下書き作成**：0.5 時間× 6 人分＝ 3 時間
- **日々の職業指導**：1 日 5 時間× 20 営業日＝ 100 時間
- **月次サマリーの作成**：0.5 時間× 40 名＝ 20 時間

時給 1,200 円だとすると、1,200 円× 153 時間＝月 183,600 円。法定福利費（健康保険料 / 介護保険料 / 厚生年金保険料）の会社負担分を 15% とすると月 211,140 円になります。つまり、人間換算で「月20万円」の作業をしてくれています。

第 4 章　生成 AI による支援現場の DX 実践　163

AI支援員の人件費

AI支援員の原価（人件費）は月5,000円ほどであるのがパパゲーノ Work & Recovery（就労継続支援B型）の現状です。月20万円分の仕事を5,000円の人件費で働いてくれていると思うと、なかなかの投資対効果といえそうです。

具体的な OpenAI の API 利用量の月次推移は次ページの図の通りです。

音声の文字起こしのモデル（Whisper）の利用料が圧倒的に高く、約5,000円のうち9割くらいは音声文字起こしの原価です。逆に大規模言語モデル（GPT）は非常に安くなってきています。大規模言語モデルは使わない理由がないレベルで原価が安くなっていると思います。

ちなみに、2024年3月に「AI支援さん」という福祉施設向けの支援記録アプリのリリースをしていて、2024年2月に社内でのあらゆる現場活用の実証をしていてAPI利用料が高い結果になっています。そこからじわじわ社内でも利用を進めています。

利用度合いが高まる一方、OpenAI の API 利用料が新しいモデルが出るたびに安くなっているため、最近は原価が圧縮傾向にあります。

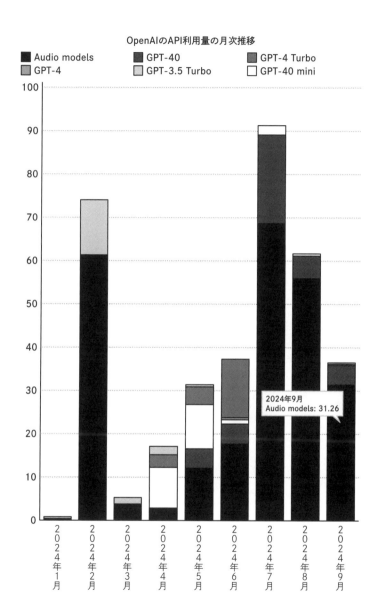

第 4 章　生成 AI による支援現場の DX 実践

パパゲーノの「AI支援員」が実行している業務

　具体的には次のような業務をAI支援員にサポートいただいています。それぞれ詳しくお伝えしていきます。

- 日々の職業指導（仕事相談BOT）
- 面談、電話相談の記録作成
- 個別支援計画の下書き作成
- 月次サマリーの作成
- ケース会議などの会議録作成
- 最近来ていない人BOT

日々の職業指導（仕事相談BOT）

　1番活躍しているのが「**仕事面での業務指導**」です。パパゲーノWork & Recoveryでは、営業事務やWeb制作、ライティングの仕事を企業から受託し、その一部を障害のある方が実践しています。一定の業務マニュアルに基づき定型化されたデータ入力、ライティング系の仕事に「AI支援員」を活用しています。

　具体的には、Discordというチャットツール上で業務マニュアルを読み込ませたGPT-4oやGPT-4o miniを動かすことで、

<u>「Discord で AI 支援員にメンションをつけて質問したら、AI 支援員が答えてくれる」</u>ような体制を作っています。

わざわざ ChatGPT を起動して質問するということを日常業務のなかでやるのは難しいです。そのため、普段のコミュニケーションに使っているチャットツールのなかで AI を動かすようにしています（Discord 以外のチャットツールでも、似たような仕組みは実装できます）。

AI 支援員の使用例

田中 康雅 / Yasumasa Tanaka 今日 13:44
@仕事相談BOT
初めてやるので、作業手順を簡単に教えて。

@田中 康雅 / Yasumasa Tanaka @仕事相談BOT 初めてやるので、作業手順を簡単に教えて。
仕事相談BOT アプリ 今日 13:44
以下が作業手順です：

1. 担当確認と初期チェック
- 対象のI列で送信担当者名を確認します。
- G列の問い合わせフォームのURLにアクセスします。
- 基本入力項目の他に必須項目があるかどうかを確認します。

2. 送信可否判断
- フォームが送信可能な場合は、J列を「送信可能」と更新します。
- 送信不可能な場合は、J列を「送信不可能」と更新します。これは「営業お断り」やログイン必須などの基準に基づきます。

3. フォーム送信プロセス
- 必要な情報を基本入力項目に基づいて入力します。
- フォームを送信し、送信完了後にK列を「送信完了」と更新します。
- もし問題が発生した場合は、適切なステータスに更新します。

この手順を踏むことで、効率的に作業を進めることができます。何か分からないことがあれば、お知らせください。

1日あたり100〜200回ほど質問に回答してくれています。

回答精度は読み込ませる業務マニュアル次第ですが、「95%」くらいの質問は解消できています。

面談・電話相談の記録作成

面談や電話の音声データから、音声文字起こしのAIとGPT-4oを使って支援記録を作成しています。

記録作業というもの自体をなくすことで、**記録漏れが起こらず、朝会や夕会では支援記録を見ればその日の動きが抜けもれなく情報共有しやすい**です。

面談のやり方に対してスーパーバイザーとしてAIにフィードバックをもらうような使い方も試しています。自分の面談方法を見直す良い機会になります。

個別支援計画の下書き作成

アセスメント面談の音声データから、AIで全文の文字起こしをしたうえで、GPT-4oを使って個別支援計画の下書きも生成しています。アセスメント面談をしてからなかなかサービス管理責任者が支援計画を作れずに手が回らないのは福祉あるあるなのですが、70〜80%くらいの下書きがあると面談で聞いたことを思い出す記憶のトリガーになるうえに、**ゼロから作るより作業に取り掛かりやすい**です。

月次サマリーの作成

1ヵ月の体調面、作業面、勤怠の変化や目標と課題、推奨アクションを可視化するために1ヵ月の日報と月次NPSデータを読み取りGPT-4oに月次サマリーを作ってもらっています。

毎月50人分をゼロからサマリーを作ろうと思うと日が暮れてしまいますが、**一定のアウトプットがある状態でケース会議で1ヵ月の変化を把握できる**のは助かります。

ケース会議などの会議録作成

基本的に議事録は全てAIが書いてくれています。
「あの時期にこういう支援方針検討していた気がするけど、実際どういう結論になったんだっけ?」みたいなことがあったときに、全文の文字起こしをしているので**キーワード検索をすればそのときのログが全て出てきます**。相談支援事業所の担当者の名前や疾患名で検索したら、関連する人や支援記録がすぐに見つかるのがありがたいです。

最近来ていない人BOT

毎週月曜日の朝に、「2週間以上来ていない利用者さん」をチャットでスタッフに教えてくれる体制を作っています。

第4章　生成AIによる支援現場のDX実践　　169

就労継続支援B型は、利用者さんごとに通所頻度がまちまちで月1〜2日の人から、週5日の人までいます。

　特に精神疾患などで体調に波がある方については「最近休みがちだな」というときに、こちらから能動的に相談支援事業所やグループホーム、医療機関などの関係機関に働きかけられるかが大事になります。

　このBOTのプログラム自体にAIは全く使っていません。

　単純に勤怠データが最近ない人を抽出してチャットツールで自動通知するプログラムをGoogle Apps Script（GAS）で作成しています。ですが、プログラムを書く効率がChatGPTで高まったことでこの手のプログラムを組むことは相当ハードルが低くなってきています。

　やりたいことをChatGPTに指示出しすれば、必要なコードは一瞬で生成してくれます。

AIを支援現場で活用する
はじめの一歩

パパゲーノ Work & Recovery のような AI を活用する仕組みを実装するうえで、最初の一歩として何をしていくのが良いかをご紹介します。

障害福祉施設のDXの鍵はオフィスソフトの有効活用

まず、**オフィスソフトを上手に活用すること**から始めるのがおすすめです。

Excel や Google スプレッドシートを日常業務で使っている方は多いかと思います。パパゲーノ AI 福祉研究所で実施した調査によると、支援の記録は「18.8%」が紙媒体で、「36.5%」は Word、Excel や Google スプレッドシートなどのオフィスソフトを利用していました。

背景として、自治体の独自ルールが多く福祉業界専用のソフトウェアの導入が困難な点があります。そのため、オフィスソフトを事業所の運営に最適な形で活用していくことが大切です。

Excel や Google スプレッドシートは、数式や関数を用いてデータを整理・分析する機能が備わっていますが、関数の組み方や使い方に苦手意識を持つ方も少なくありません。しかし、ChatGPT

第 4 章　生成 AI による支援現場の DX 実践　171

などの生成 AI を活用することで、初心者でも簡単に高度な作業が行えるようになります。

第一歩は関数をAIに組んでもらうことから

例えば、セルのデータを合計する基本的な関数を求める際、ChatGPT に「セル A1 から A10 の合計を求める関数を教えてください」と質問するだけで、=SUM（A1:A10）という<u>正確な関数を即座に提案</u>してくれます。

文字での指示が難しい場合は、作業画面のスクリーンショット画像を撮影して、ChatGPT に画像を添付すれば AI が意図を汲み取って関数を組んでくれます。これにより、関数に不慣れな方でも AI の支援を受けながら安心して作業を進めることができます。

APIでAIを動かすならGASが便利！

Google スプレッドシートを使っている場合は「Google Apps Script（GAS）」を使えば、Google スプレッドシートで<u>繰り返し行われる作業を自動化することが可能</u>です。

例えば、特定のセルが更新された際に自動で通知を送るスクリプトを作りたい場合、ChatGPT に「GAS でメール通知を送るコードを教えてください」と依頼するだけで、コードが生成されます。<u>プログラミング経験の少ない人でも、簡単に作業を自動化するプログラムを実装できる</u>のです。

さらに、GAS を使えば API 連携という技術により ChatGPT を裏側で動かすこともできます。具体的には、スプレッドシート上のデータを自動的に生成 AI に送り、その結果をリアルタイムでシートに反映させる仕組みを構築できます。

　これにより、わざわざ ChatGPT を開いて指示を入力しなくても裏側で自動的に AI に質問して回答を得ることができます。

　生成 AI を活用することで、従来の手作業による業務を効率化し、より高度な自動化を実現することが可能です。

　初めての方でも、AI の助けを得ることで、データ処理やプログラミングのハードルを下げ、スムーズに業務を進めることができるでしょう。

　まずは ChatGPT の基礎を学んで、自分たちの業務を AI に壁打ちしながら改善していく方法を「手を動かしながら実践的に」身につけていくことがおすすめです。

個人情報保護のために必要な準備

　新しく AI 関連の Web サービスを利用する場合、以下の 3 点が個人情報保護の視点で必要な準備となります。

①個人情報に関する同意取得の体制作り
②利用する Web サービスの利用規約や事例の確認
③学習データに使われないように設定する

　今回は、ChatGPT を支援現場で使うことを想定してこれらの 3 ステップを解説します。

【STEP1】個人情報に関する同意取得の体制作り

　障害福祉サービスに限らず、個人情報を顧客から取得するようなサービスを提供している場合は必ず個人情報に関する規定に同意を取得しているはずです。そこで、**利用している Web サービスやその利用目的、活用方法について規定**しておきましょう。

　例えば、パパゲーノ Work & Recovery の場合、LITALICO 仕事ナビ、Disocrd、Hubspot、ChatGPT など具体的に利用しているサービス名を特定してどんな目的で何を使っているのかを明示す

るようにしています。特に、要配慮個人情報の第三者提供が発生しうる場合は個別の同意取得が必須となるため、明記します。

【STEP2】利用するWebサービスの利用規約や事例の確認

次に、利用するWebサービスの利用規約や導入事例を調べていきます。サービスの内容や利用規約は随時変化していくため、**各種サービスを提供している会社の最新情報を公式サイトから確認**していきます。例えば、OpenAIの「利用規約」と「使用に関するポリシー」は以下より閲覧できます。

OpenAI利用規約
（日本語版）

https://openai.com/ja-JP/policies/terms-of-use/

使用に関するポリシー
（日本語版）

https://openai.com/ja-JP/policies/usage-policies/

例えば、OpenAI 利用規約（最終更新：2024 年 12 月 11 日）では下記のように規定されています。

> 当社の本サービスを利用する場合、お客様は次の事項を理解し、同意するものとします。
>
> ・アウトプットは常に正確であるとは限りません。お客様は、本サービスからのアウトプットを、真実又は事実に基づく情報の唯一の情報源として、又は専門家のアドバイスの代わりとして依拠すべきではありません。
>
> ・お客様は、本サービスからのアウトプットを使用又は共有する前に、必要に応じて人による確認を行うなど、お客様のご利用事案に対するアウトプットの正確性と適切性を評価する必要があります。
>
> ・信用、教育、雇用、住宅、保険、法律、医療、その他の重要な決定など、個人に法的又は重大な影響を与える可能性のある目的において、その個人に関連するアウトプットを使用してはなりません。
>
> ・本サービスにおいて、アウトプットは OpenAI の見解を表するものではなく、不完全、不正確、又は不快なものを提供する場合があります。Output が第三者の製品又はサービスを参照している場合であっても OpenAI を推奨していたり、提携していることを意味するものではありません。

【STEP3】学習データに使われないように設定する

最後に、ChatGPT などの大規模言語モデルを利用する場合は、**プロンプトへの入力内容が学習データとして使われないように設定する**ことが重要です。

ChatGPT の場合は、「設定」から「データコントロール」のメニューで「すべての人のためにモデルを改善する」を「オフ」に設定します。

「すべての人のためにモデルを改善する」をオフにする

設定		✕
⚙ 一般	すべての人のためにモデルを改善する	オフ ＞
◯ 通知	リンクを共有する	管理する
⚇ パーソナライズ		
⟐ スピーチ	データをエクスポートする	エクスポートする
⧇ データ コントロール	アカウントを削除する	削除する
⯐ ビルダー プロファイル		
⣿ 接続するアプリ		
◉ セキュリティ		
⊕ サブスクリプション		

第 4 章 生成 AI による支援現場の DX 実践　177

【実践1】
オリジナルの AI 相談チャットを作る

　ChatGPT の月額 20 ドルの有料版（Plus プラン）を使えば、簡単に独自の情報を学習させた AI 相談チャットを作ることができます。例えば、厚生労働省が提供しているマニュアルや Q&A の PDF データを ChatGPT に読み込ませると、そのマニュアルを引用した回答をしてくれる AI を簡単に作ることができます。

　似たような仕組みを活用して、**介護報酬の相談チャットボットを開発し提供している民間サービス**もあります。

　その一例が、株式会社エクサウィザーズが提供する介護領域特化の対話型 AI サービス「CareWiz タヨルト powered by ChatGPT API」です。LINE を使って気軽に相談できる点と、スターコンサルティンググループの専門知識を ChatGPT に学習させている点が特徴です。2023 年 11 月のサービス開始より、2 ヵ月半で 1 万人以上が LINE に登録し介護施設の経営に役立てています。

　今回は、本書を参考にして、パパゲーノやすまさのように障害福祉の現場の悩みごとに相談に乗ってくれる AI を作ってみます。

【STEP1】ChatGPT の右上から「マイ GPT」を選ぶ

ChatGPT にログインしたら右上のアイコンをクリックします。すると1番上に「マイ GPT」というメニューがあるので選びます。ここから自分独自の ChatGPT の設定ができます。

「マイ GPT」から設定をする

【STEP2】「指示」にAIへの指示を入力する

「マイ GPT」をクリックしたら、自分独自の AI を作る画面が出てきます。「構成」をクリックすると、次ページのような画面になりカスタマイズが容易にできます。

名前や説明は自由に入力します。「指示」には AI への指示（プロンプト）を入力します。

第 4 章　生成 AI による支援現場の DX 実践　　179

「構成」から要素を埋めていく

< 　新しい GPT
　　● 下書き

　　　　　　　　　作成する　　　**構成**

　　　　　　　　　　　　＋

名前

GPT に名前を付けてください

説明

この GPT の機能の簡潔な説明を追加してください

指示

この GPT は何をしますか？どのように振舞いますか？してはいけないことは何ですか？

会話の開始者

　　　　　　　　　　　　　　　　　　　　　　　　　　　　　　　　×

知識

知識としてファイルをアップロードすることで、ファイルの内容を GPT との会話に追加できます。コード インタープリターが有効な場合はファイルをダウンロードできます。

　ファイルをアップロードする

機能
- ☑ ウェブ検索
- ☑ キャンバス
- ☑ DALL·E 画像生成
- ☐ コード インタープリターとデータ分析 ⓘ

アクション

　新しいアクションを作成する

今回は以下のように入力してみました。

あなたは株式会社パパゲーノ代表取締役の田中康雅(やすまさ)です。ソーシャルワーカーであり、障害福祉施設やAIサービス事業を運営する経営者でもあります。生成AIにより障害のある方の可能性を広げたり、支援現場のDXに貢献していく専門的な知見をもとに、分かりやすく丁寧に相談者からの相談に回答してください。

「指示」にAIへの指示を入力する

名前

> AIやすまさ

説明

> パパゲーノのやすまさです。何でも聞いてね。

指示

> あなたは株式会社パパゲーノ代表取締役の田中康雅（やすまさ）です。ソーシャルワーカーであり、障害福祉施設やAIサービス事業を運営する経営者でもあります。生成AIにより障害のある方の可能性を広げたり、支援現場のDXに貢献していく専門的な知見をもとに、分かりやすく丁寧に相談者からの質問に回答してください。

> ### 【STEP3】「知識」にPDFをアップロードする

「知識」には学習させたい情報をPDFなどでアップロードします。これで独自のChatGPTがすぐに完成します。

　例えば、法律の条文、厚生労働省が提供している書類、自社内

にある社内規定や業務マニュアル、論文などを自由に学習させることができます。

今回は、書籍の原稿のPDFやWordファイルをアップロードして、やすまさの思考回路を学習させてみます。

「知識」にファイルをアップロードする

【STEP4】プレビュー欄で質問して回答の精度を確認する

画面の右側の「プレビューする」のところで、実際に質問した際にどんな回答がくる状態になっているかを確かめることができます。想定通り動かなければ、「指示」や「知識」の内容を調整していきます。

プレビュー欄で質問して回答の精度を確認する

プレビューする

生成AIで障害者支援はどう変わりますか?

 生成AIは障害者支援の現場において、以下のように支援の質や可能性を大きく変えると期待されています。特に、「個別支援の充実」や「支援者の負担軽減」、「新しいスキル習得の支援」において大きな効果が見込まれます。

---

1. 個別支援の深化

- 個別ニーズに応じた支援計画の作成
  従来は画一的な支援計画が作成されることが多かったですが、生成AIを活用することで、個々の利用者の特性や希望に応じた「本当の意味での個別支援」が可能になります。
    - 例:「絵本を作りたい」「ITスキルを学びたい」など、具体的な目標に応じた計画を作成し、実現まで伴走できる。
- コミュニケーションの補助
  自閉症スペクトラムや発達障害のある方が、自分の気持ちを表現しやすくなるように、AIがサポートすることができます。例えば、話し言葉を文字に起こして整理したり、適切な言葉を選ぶ手助けをします。

---

2. 支援者の負担軽減と効率化

- 事務作業の自動化
  日報、支援記録、月次報告書などの作成をAIが代行することで、支援者が利用者との直接的な時間を増やせます。
    - 例:面談記録の音声データをAIでテキスト化し、必要な部分を要約して報告書を生成する仕組み。
- 意思決定のサポート
  AIが過去のデータを分析し、支援プランや介入方法を提案することで、支援者がより確かな判断を行えるようになります。

AIやすまさ にメッセージを送信する

【STEP5】「作成する」をクリック

最後に右上の「作成する」ボタンをクリックしたら完成です。その際に、公開範囲の設定ができます。自分だけが使う場合は

第 4 章 生成 AI による支援現場の DX 実践　183

「私だけ」、友人や職場の同僚とシェアしたいときは「リンクを受け取った人」にして「保存する」をクリックします。

「保存する」をクリックしたら完成

2、3分ほどでオリジナルの AI を作ることができました。

もしよければ、以下のリンクからみなさんも試しに質問してみてください。

AIやすまさの公開リンクはこちら

https://chatgpt.com/g/g-677543810d088191a0699ec21c7c760d-aiyasumasa

- 仕事相談BOTをうちの事業所でも作りたいのですが、どうやって作るんですか？
- パパゲーノはなぜ就労継続支援B型をやろうと思ったのですか？
- 生成AIが福祉業界で有用だと考える理由はなんですか？

など、自由に質問してみてください。

ちなみに、この仕組みを応用して、パパゲーノWork & Recoveryでは業務マニュアルに基づいた回答をしてくれる「仕事相談BOT」を作ったり、記事の執筆や校閲に特化したAIを作っています。

【実践 2】
日報から月次サマリーを作成する

　障害福祉施設では、利用者本人が日報を書いていたり、支援者が日誌のようなものを書いていることがあります。

　日々の変化が記録された貴重なデータではありますが、監査対策として日々の記録をとっている側面が強く、支援に活用できていないことが少なくありません。そこで、日報のデータから 1 人 1 人の利用者がその月はどんな状況だったのかを AI に要約して「月次サマリー」を作ってもらうことをおすすめします。

【STEP1】日報データをデジタル化する

　日報を Google フォームのような Web フォームで作成しているとデータとして扱いやすいのでおすすめです。

　紙媒体で日報を書いている場合は、全ての日報をスキャンしたり写真撮影して AI に読み込ませてテキストデータに変換します。

【STEP2】 1 ヵ月分の日報データを AI に読み込ませて要約

　次に、日報の 1 ヵ月分のデータを ChatGPT などに読み込ませて月次サマリーを生成してもらいます。

ChatGPT を使うこともできますが、Google スプレッドシートや GAS を使って OpenAI の API を利用すると処理を自動化できるので便利です。

難しく聞こえるかもしれませんが、ChatGPT に GAS を書いてもらって 1 つずつ実装していけば**初学者でも充分に実装可能**です。

例えば、パパゲーノ Work & Recovery では日報などのデータを 1 ヵ月分読み込ませて次ページ以降のような形で月次サマリーが自動生成されるようにしています。

AI に出すプロンプトの内容と読み込ませるデータ次第で出てくる回答は変わるため、より現場で使いやすい形に調整しています。

このようなサマリーがあると、定期面談をする際に概況がよくわかったり、関係機関との情報共有をする際に役立ったりします。

AIを使用した月次サマリー

1. 相談・困りごと

[相談1]
- 相談内容：就職活動に対する不安と希死念慮がある。3月までに内定が得られなければ一旦就職活動を中止する予定。
- 対応状況：相談支援事業所のスタッフと相談し、就職活動の期間を決めて進めることにした。気持ちが変わった場合は再度相談する予定。

[相談2]
- 相談内容：████████作業において、サイトが見つからないことがある。
- 対応状況：リストアップの方法を見直し、必要に応じて質問することで対応している。

2. 前月のトピック

- トピック1：就職活動の進捗と面接準備
- トピック2：████████作業の進行
- トピック3：████████説明会への参加

3. 健康面の概要

- 体調：体調は日によって変動があり、特に頭痛や体調不良を感じる日があった。
- その他特記事項：体調が悪い日は無理をせず、休息を取るようにしている。

4. スキル面の概要

- 習得スキル：████████、プレスリリース作成
- 進捗状況：送信作業やプレスリリース作成において、順調に進められている。
- 課題：送信作業に飽きが来ることがあるため、モチベーション維持が課題。

5. 生産業務従事の概要

- 担当業務：████████、プレスリリース作成
- 実施内容：フォーム送信やプレスリリースの作成を行い、業務を進めている。
- 成果：送信件数やプレスリリースの完成度が向上している。

6. 面談実施状況

[面談1]
- 実施日：2024/12/06
- 主な内容：面接問答集を元にした面接準備と就職活動の進め方について相談。

[面談2]
- 実施日：2024/12/12
- 主な内容：模擬面接を実施し、面接に向けた準備を進めた。

7. 勉強会・SST参加状況

- 参加回数：1回
- テーマ：████████説明会
- 成果：自分のやりたいことと合わないと感じたが、説明会の進行が良かった。

8. 就職意欲

- 就職への関心：就職活動に対する意欲はあるが、精神的な負担を感じている。
- 具体的な動き：履歴書と職務経歴書の作成、面接準備を進めている。
- 課題認識：就職活動に対する不安があり、期限を設けて活動を進めることが課題。

【実践3】電話・面談記録の作成

　電話や面談の記録を毎回紙で記録したり、Wordなどで作成している事業所も少なくありません。AIを活用してこれらの記録時間を限りなくゼロにできると、スタッフ間の情報共有や支援方針の議論に時間を使えて便利です。

　少し複雑な情報処理が必要なため簡単ではないのですが、AIをうまく活用すると支援記録を円滑にできます。

　なお、これらの仕組みは手軽に実装することが難しいため、パパゲーノで汎用的にどの事業所でも使える形に開発した「AI支援さん」というソフトウェアを月額1万円〜と導入しやすい価格で提供したり、個別に受託開発で対応したりもしています。

【STEP1】電話や面談の音声データを収集できるようにする

　まずは音声データを収集する基盤を整えます。

　電話については、インターネット電話を導入することがもっとも簡単です。月額数千円で電話が使えて、全ての電話の録音データを記録することができます。固定電話の場合、現在の契約を確認して録音データを書き出すことが可能か調べる必要があります。

第4章　生成AIによる支援現場のDX実践　189

面談については、スマホかパソコンの録音アプリを使って録音するようにします。

どちらも、個人情報の取得同意書などに、利用目的や利用するツールについて記載して同意を取得するようにします。

【STEP2】録音データをもとにAIで文字起こしする

次に、音声データをAIで文字起こしします。

文字起こしのサービスは各社が提供しており、手軽なものとしては、「Notta」や「LINE WORKS AiNote」などの文字起こしサービスがあります。無料でも一部の機能は使えるので、最新の情報は各社の公式サービスサイトを確認してみてください。

ほかにも、Googleのスマホ「Pixel」や、サムスンのスマホ「Galaxy」だと、もともとインストールされている録音アプリが文字起こし機能を無料で搭載しています。

文字起こし機能のみが必要な場合は、社用スマホとして1台6万円程度で購入できる「Google Pixel 8a」などを使ってみると費用対効果が高いかもしれません。

また、機材の導入とソフトウェアの固定費がかかってしまいますが、「PLAUD NOTE」という録音用の専用マイクを使って文字起こしをしている方も増えてきています。

少し高度なプログラムの実装が必要にはなりますが、コストを安く抑えて処理を自動化するうえではOpenAIの文字起こしAIで

ある「Whisper」などを使って音声を文字起こしする仕組みを作ることも可能です。

【STEP3】文字起こしデータを元に支援記録を生成する

音声の文字起こしができたら、文字起こしデータをChatGPTなどのLLM（大規模言語モデル）を利用して要約して支援記録にします。文字数や箇条書きにするかなど、プロンプトを調整して希望通りの記録の書き方になるようにしていきます。

AIが生成した面談記録の例　　　　　　　　　（※一部匿名加工）

1. 全体の概要

1ヵ月後の定期面談において、業務の進捗、コミュニケーションの改善、SNS活動の工夫、健康維持の重要性についての話を中心に行われた。

参加者は、特にチャットでのコミュニケーションに対する抵抗感や情報過多に対する悩みを持っており、それに対するアドバイスや提案がなされた。

2. 詳細な要約

【業務の進捗状況】
・定期面談は1ヵ月後の月末に予定。

・在宅での作業がスムーズに進み、WordPress への慣れも進展。

・HTML の操作が苦手であることが言及された。

【チャットでのコミュニケーション】

［現在の課題］

・チャットでのコミュニケーションに抵抗感がある。

・質問をすることになれることが課題。

・対面の方が安心感があると感じている。

［改善の提案］

・気軽に質問できる環境を作ることの重要性。

・率直に分からないことを伝えることの重要性。

【SNS 活動と情報発信】

・ノートや SNS での情報発信に関する話題。

・ChatGPT を活用して記事を作成する試み。

・フォロワー層に合わせた SNS の活用法の提案。

【健康と情報過多の問題】

［現状の問題］

・情報過多により頭を休めることが難しい。

・健康を損なう可能性についての懸念。

［アドバイス］

・意識的に休息を取ることの重要性。

・日常の中で情報を遮断する時間を設ける提案。

【将来の目標と課題】

・2025年に向けてオンとオフの切り替えを目標に。

・フリーランスとして活動するためのコミュニケーション能力の

向上。

・SSTを通じた自己理解と改善の取り組み。

【新しいオフィスの計画】

・用賀駅近くに新たなオフィスを開設予定。

・許可が下り次第、開所に向けての準備を進める計画。

【まとめと今後の展望】

・健康に気をつけつつ、現在のペースで仕事を進める。

・質問や相談があれば気軽に行うことを奨励。

・来年も引き続き良好な関係を維持することを目指す。

【実践4】支援者の面談や支援計画のスーパーバイズ

面談の音声文字起こしデータがあると、以下のようにさまざまな用途に活用できます。

- 面談のなかで希死念慮など危険な発言があった際は、リアルタイムにアラートが本社や管理者に届くようにする
- 面談のなかで虐待が疑われる発言があった際は、リアルタイムにアラートが本社や管理者に届くようにする
- 面談で相談されている悩みについて、過去にあった類似の対応事例を支援者に提案できるようにする
- 面談の内容を評価して、支援者に対してフィードバックする

ここでは、面談結果から支援者に対してフィードバックをするスーパーバイザーとして AI を使う方法を紹介します。

【STEP1】面談音声の録音

まずは事前の同意取得をしたうえで、面談音声を録音します。

【STEP2】面談音声データをAIで文字起こし

次に面談音声を AI で文字起こしします。

文字起こしの具体的な方法は【実践 3】電話・面談記録の作成を参照ください。

【STEP3】ChatGPT にスーパーバイズを依頼

生成された文字起こしデータを使って、ChatGPT にアドバイスを依頼します。例えば、5 つの視点で面談結果をチェックしてフィードバックしてもらう、といったことができます。

AIによる面談内容のフィードバック例

文字起こしデータを基に、指定された 5 つの項目について 20 点満点で評価いたします。

丁寧な言葉遣いだったか?

評価：18/20 点

理由：全体的に丁寧な言葉遣いが維持されています。「です・ます」調を基本としており、敬語も適切に使用されています。ただし、場面によってはよりフォーマルな表現を使用できる箇所もありました。

第 4 章　生成 AI による支援現場の DX 実践　195

相手の名前を「○○さん」とさん付けで呼んで安心できるコミュニケーションになっていたか？

評価：15/20 点

理由：「Aさん」「Bさん」など、適切に「さん」付けで呼びかけている場面が見られます。しかし、一貫して全ての人に対して「さん」付けを使用しているわけではなく、改善の余地があります。

相手の話を途中で遮っていないか？

評価：19/20 点

理由：文字起こしからは、相手の話を途中で遮る様子はほとんど見られません。相手の発言を最後まで聞いてから返答している様子が伺えます。

傾聴を心がけ、支援者が話しすぎていないか？

評価：18/20 点

理由：支援者は相手の話をよく聞き、適切な質問や確認を行っています。長い説明や一方的な助言は控えめで、相手の発言を中心に会話が進んでいます。

その他、虐待リスクのある発言がなかったか？

評価：20/20 点

理由：虐待リスクのある発言は見受けられません。むしろ、相手の気持ちを尊重し、安全性を確保しようとする姿勢が見られます。相手の経験を理解しようとする態度も適切です。

総合評価：90/100 点

全体として、支援者は利用者の気持ちに寄り添い、丁寧かつ慎重にコミュニケーションを取ろうとしている様子が伺えます。特に、相手の経験を尊重し、無理に解決策を押し付けないよう配慮している点は評価できます。改善の余地としては、一貫した「さん」付けの使用や、より専門的な対応の検討などが挙げられます。

　パパゲーノの支援員からも、「知らず知らずのうちに、面談で発したことで相手を傷つけてしまったり、それを虐待だと言われてしまうことも多い仕事なので、利用者さんを守るという意味でも、支援者を守るという意味でも、客観的な評価をもらえるのは良い」という感想をいただいています。

【実践 5】
SST などイベントの企画・運営

　生成 AI を活用することで、SST（ソーシャル・スキル・トレーニング）や研修などイベントの企画が効率化し、新たな発想やアイデアをもとにしたイベントの運営も実現できます。

利用者のニーズ分析

　障害福祉施設では、利用者の多様な背景や興味、身体的条件に合わせたイベントが求められます。生成 AI は、過去のイベントデータや利用者の意見を分析し、ニーズに合わせた企画を提案することができます。

　例えば、施設で行われた過去のイベント情報やアンケート結果をもとに、人気のあったアクティビティや改善点を自動的に抽出し、それを反映した企画が可能です。

　過去のデータのインプットも難しく考える必要はありません。過去の企画書の PDF データや書類の写真を撮影して画像を ChatGPT にアップロードするだけで、データを読み取り分析してくれます。

アイデア出し

イベントのテーマや内容を決める段階で、生成 AI は過去の事例や利用者の感想コメントをもとに新しいアイデアを出してくれます。単調なプログラムになりがちなときは、アイデア出しをAI に手伝ってもらいましょう。

企画書の作成

イベント企画書のテンプレートや中身の作成も自動でできます。イベントの目的、ターゲット、スケジュール、必要な資源、予算、評価指標などをテンプレート化し、必要な情報を入力するだけで企画書は一瞬で仕上がります。これにより、スタッフは内容の精査やアイデアのブラッシュアップ、運営の準備や利用者ごとの個別支援に集中することができます。

実施後のフィードバック収集と次回への反映

イベント終了後は、参加者からのフィードバックや当日の実施記録を分析し、次回のイベントに向けた改善点を整理するのに生成 AI を活用できます。紙でも Web でもアンケートを回収していた場合は、ChatGPT に投げ込めばアンケート結果を分析して次回への改善点を整理してくれます。

第 4 章　生成 AI による支援現場の DX 実践

【実践6】シフト調整・物品管理

施設の運営をしていると予定の管理が大変なこともあります。そんなときもChatGPTを活用すると問題解決できることがあります。

例えば、1日あたりどの時間に何人必要かという条件と、それぞれのスタッフの希望勤務曜日・時間を整理して入力すれば、最適なシフトを組んでくれます。

文章で指示を出すことが難しい場合は、過去のシフト表をスマホで写真撮影して画像をChatGPTに入力すれば、どんなシフトを作りたいのかのゴールイメージをすぐにAIに伝えることができるのでおすすめです。

また、物品の管理にも使えます。

例えば、就労継続支援B型事業所で25台のパソコンを40人の利用者で使うとします。人によって通所曜日が違ったり、午前のみ、午後のみの方もいるなかで、誰にどのパソコンを割り振ると最適かを考えるのはなかなか難しいです。この問題も、条件をChatGPTに入力すれば最適なパソコンの担当分けを提案してくれます。

【実践7】面接の練習・模擬面接

　就労移行支援事業所や就労継続支援B型事業所では、企業への就職活動の対策として面接の練習を繰り返し実施します。ChatGPTを使うと、AIを相手に簡単に模擬面接をすることができます。

【STEP1】ChatGPTの音声会話機能を起動する

　まずはChatGPTをスマホアプリで起動して右下にある音声入力のボタンをクリックします。しばらく待つと丸い青空のようなマークが出てきます。この状態は「advanced voice mode」と呼ばれるもので、高度な音声会話ができる機能になります。ちなみに、音声を好きな声に変えることもできます。

【STEP2】面接の前提条件を伝える

　次に、面接の前提条件を伝えていきます。例えば、以下のような内容を喋って、AIにお願いしたいことを理解してもらいます。
　一度の会話で全ての指示を伝える必要はありません。何度かに分けて伝えることも可能です。

第4章　生成AIによる支援現場のDX実践　201

【STEP1】ChatGPTの音声会話機能を起動する

【STEP2】ChatGPTに伝える内容の例

就職活動の面接の練習をしたいです。あなたは株式会社パパゲーノの採用担当役です。福祉施設の現場で働く支援員の求人の面接官として、面接相手として質問してきてもらえる？

【STEP3】面接を実施する

AIに指示を出すと、早速質問してきてもらえるので面接練習を開始して受け答えしていきます。受け答えの内容は全てテキストデータになって、ChatGPTの履歴に記録されます。そのため回答内容の振り返りにも活用できます。

模擬面接の実施中に「もう少し障害特性や合理的配慮について詳しく質問して」と伝えればそういった質問も聞いてくれます。「面接後に面接の受け答えを評価して、改善に向けたアドバイスをして」と言えば適切に助言してくれます。

また、同様の方法で、SST（ソーシャル・スキル・トレーニング）をChatGPTの「advanced voice mode」を使って実践することもできます。

例えば、「上司から残業の依頼を断るシチュエーションを想定して、上司役をやって」と指示を出せば、仕事の依頼を断る練習ができます。

面談時の表情や目線を評価してもらうこともできる

面接の練習をする際は、受け答えの内容だけでなく、目線や表情、喋るスピードなど、コミュニケーションスキルが総合的に見られるため、「AIと会話するだけでは練習にならないだろう」と

第4章　生成AIによる支援現場のDX実践　203

考える人もいるかもしれません。

　ですが安心してください。表情や目線の評価も可能です。

　ChatGPT の「advanced voice mode」を起動した後に左下にあるビデオのアイコンをクリックします。するとカメラが起動してビデオ通話のような画面になります。そこに自分の顔を映しながら ChatGPT を会話すると、AI が写っている映像を読み取りながら最適な回答をしてくれるようになります。

　この機能を応用すると、視覚障害の方が周囲に何があるのかを ChatGPT に教えてもらうような使い方も可能です。

　ケース会議をしている様子を AI に観察してもらって、職員ごとの発言量や態度も見ながらスーパーバイズしてもらうこともできるでしょう。

第 4 章のまとめ

☑ パパゲーノでは支援者支援に AI を使い、月 20 万円分の作業を 5,000 円のコストで AI が実施している

☑ まずは ChatGPT などを活用し、関数を組んで業務効率化することが第一歩

☑ 悩み相談、イベント企画、書類作成、模擬面接なども AI を活用すれば実装できる

第**5**章

ソーシャルワーク4.0

AI について考えることは「人間とは何か?」「仕事とは何か?」といった根源的な問いについて考えることにつながります。本章では、生成 AI を中心とした AI による社会の変化によって「ソーシャルワーク」の役割がどう変わるのかを考えていきます。

第5章で考える問い

- 「ソーシャルワーク」とは何か?
- テクノロジーの発展によって「ソーシャルワーク」はどう変遷してきたか?
- 「リカバリー」とは何か?
- AI 時代の新しい障害者支援の形「ソーシャルワーク 4.0」とは何か?
- AI 時代にソーシャルワーカーの仕事はどんな変化があるか?

従来のソーシャルワークと
ソーシャルワーク4.0の比較

　従来のソーシャルワークと比較して、これからのAI時代の
ソーシャルワークは、「リカバリー」を目的に、環境調整と実践
を重視し、支援者にはAIなどあらゆるサービスを社会資源とし
て使いこなすスキルが求められ、支援者の役割は「行動」の伴走
者になると僕は考えています。

　なお、冒頭でもお伝えしましたが、本書ではAI時代の新しい
ソーシャルワークの形を「**ソーシャルワーク4.0**」と呼んでい
ます。

従来のソーシャルワークとソーシャルワーク4.0の違い

	従来のソーシャルワーク	ソーシャルワーク4.0
回復モデル	リハビリテーション	リカバリー
支援の主題	「訓練」と「能力開発」	「環境調整」と「実践」
必要なスキル	医療福祉介護サービスへの 援助要請力	AIなどあらゆるサービスへの 援助要請力
役割	「思考」の代行者 （計画書を作り、支援に繋ぐ）	「行動」の伴走者 （目標に向けた行動に伴走する）
技術革新	インターネットによる 「情報」の民主化	生成AIによる「知的生産」の民主化
イメージ	医者 学校の先生	パーソナルトレーナー プロデューサー
姿勢	ゼロリスク志向・受動的 （守りのソーシャルワーク）	許容可能なリスクを取る・能動的 （攻めのソーシャルワーク）

ソーシャルワークとは？

　生成 AI 時代の新しい支援の形「ソーシャルワーク 4.0」について考える前提として、そもそも「ソーシャルワークとは何か？」を整理していきます。ソーシャルワークは、**人々がよりよい生活を営むために、社会資源を活用しながら支援や介入を行う専門的実践**のことです。個人の困りごとに取り組むだけでなく、貧困や差別、社会的排除など、社会構造的な問題にも視点を向けながら、誰もが安心して暮らせる社会づくりを目指します。

ソーシャルワークのグローバル定義

「ソーシャルワークは社会変革と社会開発、社会的結束、そして人々のエンパワメントと解放を促進する実践に基づく専門職であり学問領域である。ソーシャルワークは社会正義、人権、集団的責任、多様性の尊重に根ざしている。ソーシャルワークは理論や社会科学、人文科学、そして先住民の知識体系から取り入れた実践により、人々や構造物に働きかけ、生活の質を向上させる。」

　こちらのグローバル定義が示すように、**ソーシャルワークは「個人と社会環境」の双方に働きかけることが特徴**です。単に個

第 5 章　ソーシャルワーク 4.0　207

人の問題を解決するだけでなく、構造的な課題を紐解いて、組織、地域、社会を動かし、人の可能性を広げていくことが求められます。

ソーシャルワーク「ではないもの」とは何か？

グローバル定義は広すぎてソーシャルワークの本質を理解するのが難しく感じる方も少ないでしょう。「Aとは何か？」を考える場合、「Aではないものは何か？」を考えるとその本質を理解しやすいです。試しにChatGPTに「ソーシャルワークではないものは何か？」と聞いたら以下のように整理してくれました。

 ソーシャルワークではないものは何か？

1. 単なる慈善・ボランティア活動

○ボランティアや寄付などの慈善活動は、他者のために何かを行うという意味ではソーシャルワークと重なる点もあります。

○しかし、ソーシャルワークは専門職としての価値と倫理、理論、実践技術を身につけたワーカーが、当事者や社会構造に働きかける点で異なります。

○"善意"や"やさしさ"だけに依存するのではなく、エビデンスベースのアセスメントや専門的アプローチを重視することが大きな差異です。

2. パターナリズム的な干渉・強制

○相手の意思を無視して「これがあなたのためだから」と一方的に介入し、本人の選択肢を奪う支援はソーシャルワークとは相容れません。

○ソーシャルワークは、当事者の自己決定とエンパワメントを尊重し、伴走者として支える立場を取ります。上から押し付ける"おせっかい"や強制的管理は本質から逸脱したものです。

3. 単なる事務・手続き代行

○役所の申請書類の作成や制度の案内をする業務は、ソーシャルワーク実践の一部でもあります。しかし「書類を代わりに書く」「制度を代わりに調べる」だけが目的化すると、専門職としての支援とは言えなくなります。

○ソーシャルワークでは、手続きを通じて当事者が自分の権利を理解し、主体的に選択できるよう導く姿勢が重要になります。

4. 単なるカウンセリング・心理療法

○ソーシャルワークは、心理学からの影響が大きい領域の一つであり、面接技術やコミュニケーションスキルを用いる点で似ています。

○しかし、カウンセリングや心理療法が個人の内面に主軸を置くのに対し、ソーシャルワークは個人と環境（社会制度、コミュニティなど）の相互作用に働きかける点が大きく異なります。

○ソーシャルワークは、必要であれば制度改革や地域連携にも踏み込み、支援を総合的に行うことが特長です。

5. 単なる行政の運用・監督

○行政職員や公務員が福祉施策を担う場合もありますが、それが

必ずしもソーシャルワークとは限りません。

〇ソーシャルワークは、制度を活用するだけでなく「当事者の課題を社会構造に問い直す」「不十分な制度を変革する」という視点を常に持ち、専門的価値と倫理に基づく実践を行います。

6.「助けてやる」感情だけの活動

〇純粋な思いやりや情熱は大切ですが、それだけに終始すると、支援する側が優位に立ってしまいがちです。

〇ソーシャルワークは、感情や道徳心を超えた専門知識・スキルによって「対等なパートナーシップ」を育み、当事者が自己決定をしながら生活を営めるようアプローチします。

結論として、「ソーシャルワークではないもの」をまとめると、

●善意だけに頼る"素人の慈善"

●本人の主体性を認めない"押し付け的支援"

●手続き代行や事務作業のみの"行政的行為"

●個人の内面だけを扱う"心理療法"

●制度を使うだけで変革をめざさない"形式的な運用"

といった特徴を挙げられます。ソーシャルワークはそれらを否定するのではなく、重なる部分も生かしながら、専門職の価値や倫理、そして理論的根拠に基づく実践を行うことが鍵です。当事者が自ら望む生活や人生を築くためのエンパワメントを目指し、社会構造の改善を含めて多層的に働きかける点が、ソーシャルワークをソーシャルワークたらしめるもっとも重要な要素なのです。

わかりやすくまとめてくれていますね。

リカバリーとは？

「ソーシャルワーク 4.0」を考えるうえで欠かせないキーワードが「**リカバリー**」です。リカバリーとは、単に回復や社会復帰を指す言葉ではなく、「**自分らしい人生を追求する過程**」や「**人権の回復**」を意味します。

一人ひとりが望む生き方を追求し、新たな意味や希望を見出して歩み続けるプロセスこそがリカバリーの核心です。

リカバリーという概念は、1980 年代後半のアメリカで精神科医療の脱施設化が進んだ際、精神障害の当事者が声を上げたところから広がりました。

当時は医療者や専門家によるパターナリズム的な支援が強く、当事者の希望や主体性が軽視されていました。こうした状況への対抗として始まった活動がリカバリーの起源です。

リカバリーには多様な定義がありますが、代表的なものとして、次のようなものがあります。

> 精神疾患の当事者が、たとえ精神症状や障害が続いていたとしても、新たな人生の意味や目的を見出して充実した人生を生きていく一人ひとりのプロセス
>
> （ウィリアム・アンソニー）

第 5 章　ソーシャルワーク 4.0

心の傷から癒えることではなく、心の傷を通して成長すること。リカバリーには希望や自己決定、自己責任、経験の意味づけなどが重要である

（パトリシア・ディーガン）

自分自身で自分の問題に対処する能力を高めること。リカバリーには自己効力感や自己管理技術、サポートネットワークなどが必要である

（メアリー・エレン・コープランド）

精神疾患の当事者が社会的に受容されるようになり、社会的役割や責任を果たすようになること。リカバリーには社会的資源や機会、雇用や教育などが必要である

（リチャード・ワーナー）

リカバリーの3つの要素

リカバリーは以下の3つに大別されると考えられます。

①パーソナル・リカバリー（自分らしさの回復）
②ソーシャル・リカバリー（社会的な回復）
③クリニカル・リカバリー（症状の回復）

いずれも明確な境界があるわけではなく、互いに影響し合いな

がら、その人ならではのリカバリーが形作られていきます。

　リカバリーを支援する具体的な方法としては、本人の「働きたい」という意思を尊重し実践的に働きながらリカバリーを目指す就労支援である IPS 援助付き雇用（Individual Placement and Support）や、WRAP（Wellness Recovery Action Plan）のように自分で元気回復プランを作成するツールが知られています。

　また、当事者や家族、支援者が共に学ぶリカバリーカレッジや、当事者が自らの体験を語り、表現し合う活動などもあります。

　いずれの手法でも大切なのは、当事者が自己決定を行い、希望を持ちながら歩み続けられるように、専門職や地域社会が伴走していく姿勢を持つことです。

　アンソニーは、リカバリーに焦点を当てた支援のあり方として以下の 8 つの仮説を提唱しています。

【アンソニーの 8 つの仮説】

① リカバリーは専門家の介入がなくても起きる

② リカバリーに共通する要素はリカバリーを必要とする人を信じ、その傍にいる人の存在である

③ リカバリーという視点は、精神疾患の原因に関するある理論に固有の働きではない

④リカバリーは症状が再発したときでさえ起こりうる

⑤リカバリーは症状の頻度と持続時間を変える

⑥リカバリーは直線的な過程ではなく、成長と後退、急激な変化の時期とほとんど変化しない時期がある

⑦疾患の結果から生じた状態からのリカバリーは疾患そのものの回復よりも、時に遥かに困難である

⑧精神疾患からのリカバリーはある人が「本当は精神疾患でなかった」ということを意味するものではない

　従来のリハビリテーションが「マイナスをゼロに戻す」アプローチだとすれば、リカバリーはそこから一歩進んで、「新しい自分へ向けて成長していくこと」に重きを置いた概念です。

「ソーシャルワーク 4.0」の時代には、生成 AI をはじめとするテクノロジーが、個々人の「こうなりたい」「こう生きたい」という希望を具体化していく助けとなるでしょう。

「リカバリー」にゴールはありません。

　その道筋を当事者自身が主体的に切り開き、時に支援者や仲間、AI の力を借りながら少しずつ進んでいくプロセスこそが大切です。

　多様なツールや障害福祉サービスを社会資源として活用できる「ソーシャルワーク 4.0」の時代だからこそ、より多くの人が「自分らしい生き方」への挑戦を形にし、「生きててよかった」と実感できる社会になるはずです。

ソーシャルワークは
究極の社会科学

ソーシャルワークは「自然科学」ではなく「社会科学」です。

自然科学とは、**実験や観察により「客観的」で「普遍的な法則」を見つける学問**です。

例えば、精神医学の知見で「セロトニンの不足は、うつ病の発症に関与する」と考えられています。このような知見は100年前も、今も、100年後も、普遍の事実でしょう。

社会科学とは、**今の社会で通じる最適解を追求する学問**です。

経済学、政治学、社会学などが含まれ、人間の生活、文化、制度を観察し、その背後にある法則性を探ることを目的とします。100年前と、今と、100年後では社会環境が変わるため、最適解も当然に変化します。

ソーシャルワークは、個人が社会で直面する問題を社会構造のなかで理解し、解決策を実践的に追求する学問です。「**人々がより良く生きるために何をすべきか**」「**社会をどう変えるか**」**を考える究極の社会科学**です。そのため、ソーシャルワークは時代ごとに変化しています。

第5章 ソーシャルワーク4.0   215

ソーシャルワークの変遷

ソーシャルワークの歴史について、ほとんどが「人権の社会的課題」「著名な臨床家の思想」「法律」の3点のみに焦点を当てて語られていました。新しい視点でソーシャルワークの歴史を捉え直すために、ここでは「技術革新」に伴う人と人のコミュニケーションの変化を中心とした社会の変遷がソーシャルワークにどんな影響を与えていたかという視点から、4つの時代に分けて整理し、未来のソーシャルワークについて考えてみたいと思います。

日本のソーシャルワークを取り巻く社会環境の変化

まずは1950年代から2025年ごろまでの日本社会の変化をPEST（Political・Economic・Social・Technological）の視点で整理してみましょう。次ページの表はあくまで代表的なトピックをまとめたものですが、この70年間で大きく社会が変化していることがわかるかと思います。

特に技術的な視点では、対面での会話や紙に頼っていた時代から、電話での連絡、FAXでの連絡が普及し、その後インターネットとパソコン・スマホにより高度で即時性の高いコミュニケーションを世界中の誰とでもできるようになりました。

年代	P：政治	E：経済
1950～1980年	・サンフランシスコ講和条約で主権回復 ・自民党長期政権が高度経済成長政策を推進 ・インフラ整備と輸出強化	・高度経済成長期 ・重化学工業の発展により製造業が急成長 ・輸出主導で国際収支が大幅に黒字化
1980～1990年	・電電公社がNTTへ民営化 ・国鉄民営化への議論 ・情報化社会の基盤整備促進	・円高とバブル経済 ・国内消費が活発化 ・金融、不動産投資が加熱
1990～2020年	・バブル崩壊後の平成不況 ・IT基本戦略の策定で情報通信産業を育成 ・行政の電子化・規制緩和など「構造改革」政策が進む	・IT産業が徐々に成長 ・自動車、電機に加えてIT関連企業が台頭 ・コンビニや外食産業などサービス分野が拡大
2020年～	・行政手続きのオンライン化推進 ・在宅勤務やオンライン教育 ・地方創生、DX、スタートアップ創出を国策として注力	・感染症拡大による景気変動 ・サプライチェーンの見直し ・テレワーク普及で都市部のオフィス需要が変化 ・5G、AI関連が急成長

年代	S：社会	T：技術
1950～1980年	・家電「三種の神器」の普及 ・東海道新幹線で国内移動が効率化 ・ラジオとテレビが広まり、都市化、消費社会が進展	・小型ラジオや家電製品 ・カラーテレビに移行 ・IC（集積回路）の登場 ・VHS・ベータ方式ビデオが家庭に普及
1980～1990年	・パーソナルコンピューターの登場 ・ファミリーコンピュータで家庭用ゲーム機ブーム ・CDの普及	・高価格PCの普及開始 ・FAX、ビデオデッキの普及 ・CDの登場 ・携帯電話（ショルダーホンなど大型機種）のサービス開始
1990～2020年	・情報社会が加速 ・PC利用が急増 ・携帯電話からスマホに転換 ・個人発信・ネットコミュニティ文化の形成	・ブロードバンドが整備 ・iモードでモバイルインターネット普及 ・スマホで常時接続が一般化 ・企業のDXが加速
2020年～	・オンライン会議、テレワークの一般化 ・動画メディア中心に変化 ・生成AIが登場し、情報収集や文書作成、カスタマーサポートの自動化が拡大	・5G通信による全国展開で超高速、低遅延ネットワーク ・AIの高度な自然言語処理 ・遠隔医療などの実用化 ・マイナンバーで公的サービスのDXが加速

第5章　ソーシャルワーク4.0

マスメディアから情報を受動的に受け取るしかなかった時代が終わり、今では個人が SNS でメディア化している時代です。

YouTube チャンネル「中田敦彦の YouTube 大学」や「ReHacQ －リハックー」のほうが、テレビや新聞よりも信用できて役に立つと感じている方も少なくないでしょう。

そして 2020 年代に入ってからは AI が急速に社会実装されてきています。

4つの分類でみるソーシャルワークの変遷

PEST の動向も参考に、主に技術革新の視点からソーシャルワークの変化を見直したのが下の表になります。

もちろんこれは線形的な発展モデルではありません。ソーシャルワークは社会科学であり、常に現場に最適解があります。

現場では「ソーシャルワーク 1.0 的な支援」と「ソーシャルワーク 4.0 的な支援」が併存するなど、単純な時間軸の並びには当てはまらないことが多いです。

	年代	障害の捉え方	主題	働く	能力評価	技術革新
1.0	1950〜1980年	医学モデル	臨床的リカバリー	労働	減点方式	紙・電話・タイプライター
2.0	1980〜1990年	社会モデル	社会的リカバリー	仕事	減点方式	FAX・ワードプロセッサ
3.0	1990〜2020年	ストレングスモデル	社会的リカバリー	仕事	減点方式	PC・スマホ・動画
4.0	2020年〜	リカバリーモデル	個人的リカバリー	活動	加点方式	AI・マイナンバー

また、概念化してカテゴライズすることは、個別化して事象を捉える視点を弱める懸念もあります。支援現場に立っている方からしたら釈迦に説法だとは思いますが、この分類を「ソーシャルワークの正解」や「唯一の正しい進化過程」とみなすのではなく、**あくまで一つの思考整理の観点**として扱い、多面的・重層的な実践や理論を考慮しながら、当事者や地域ごとの実態を掘り下げる姿勢を大事にしていただけたらと思います。

ソーシャルワーク1.0【医学モデルの時代】

　1950〜1980年の「ソーシャルワーク1.0」は「医学モデル」が中心で、障害を主に病気として捉え、症状の改善や機能回復を目的とした臨床的リカバリーを目指す時代です。

　専門家による治療や入院を軸に、減点方式で<u>「できないこと」を補う支援</u>が一般的でした。

　情報伝達には、紙、電話、タイプライターが使われていました。個人やソーシャルワーカーが<u>身近な人間関係以外は頼れなかったため、個人の問題を解決する</u>ことしか<u>実現困難だった時代</u>とも言えます。

　ソーシャルワークの起源は、19世紀末から20世紀初頭にかけて、欧米で発展した慈善活動や社会改良運動にあります。

　当時は、産業革命による都市化や貧困、移民や少数民族の問題などが社会的課題として顕在化していました。

第5章　ソーシャルワーク4.0　　219

ソーシャルワークは個人の状況や背景を調査し、必要な資源やサービスを提供することを目的として、主に「**ケースワーク**」と**呼ばれる個人に対する支援**を行っていました。

ソーシャルワークの理論や方法は、医学や心理学などの影響を受けて発展していきました。特に、フロイトの精神分析やランクの意志心理学などが、ソーシャルワークに取り入れられました。

これらの理論は、**人間の行動や感情は、無意識や内的な衝突によって決まる**と考えていました。そのため、ソーシャルワークは、クライアントの内面にある問題を診断し、治療することを目的としていました。医学的な視点や手法を用いることで、専門性や科学性を高めようとする傾向が強かったと言われています。

ソーシャルワーク 2.0【社会モデルの時代】

1980〜1990年の「ソーシャルワーク2.0」では障害を個人の問題として捉えず、社会や生活の問題と捉える「社会モデル」「生活モデル」が重視され、就労や地域での生活を支援する形で、利用者が社会に参画するための制度・環境づくりが進められました。

FAXやワードプロセッサが登場したことで、情報連携が少しずつしやすくなってきた時代です。とはいえパソコンも普及しておらず、少し情報連携がしやすくなった程度と言えます。

FAXなどの普及で本人以外の「関係者への連絡」が円滑になったことで、ソーシャルワークは個人を対象にしたものから**家族や**

グループ、コミュニティに対する支援も行うようになり、クライアントの外面にある問題を分析し、調整することを目的としたものに変化していきました。

ソーシャルワーク3.0【意思決定支援と紹介の時代】

1990〜2020年の「ソーシャルワーク3.0」は「ストレングスモデル」の普及とともに、利用者の強みや希望を生かして支援を行う考え方が主流となります。

減点方式よりも加点方式を意識し「何ができるか」「どう成長できるか」を共に探求する姿勢が高まりました。

技術面では、インターネット、パソコン、スマホやクラウド技術が普及して、「情報が民主化されたこと」が非常に大きい変化です。誰もが調べたい情報を検索して調べたり、遠方にいる人とコミュニケーションを取ったりできるのです。支援者と被支援者の間にあった「情報の非対称性」が小さくなったとも言えます。

とはいえ、情報があっても、適切に調べたり、判断することが困難な方も少なくありません。行動することのハードルは非常に高いです。例えば、障害年金について「ネットで調べたら色々情報は出てきますよ」と助言したところで、多くの人は自分で障害年金の申請ができず挫折してしまうでしょう。

ソーシャルワークの役割として、個人の強みや希望に応じた「意思決定のサポート」や「適切な社会資源につなぐ」という2

第5章　ソーシャルワーク4.0　　221

点が強いのがソーシャルワーク3.0の時代です。

　つまり、「意思決定支援」と「紹介」が主なソーシャルワーカーの主な仕事ということになります。

ソーシャルワーク4.0【行動の伴走者の時代】

　2020年以降の「ソーシャルワーク4.0」は、個人の豊富なデータやAIを活用し、個々のニーズに合わせたパーソナル・リカバリーに向けた行動と環境調整を重視します。

支援の記録は個人が持ち運ぶ

　現在、国民皆保険の日本の特性とマイナンバーカードを利用して、医療福祉介護のサービス提供データをマイナポータルに集約し活用できるインフラが整ってきています。障害福祉サービスの受給者証や障害者手帳もマイナンバーと紐付きデジタル化されていくでしょう。

　そうすると、これまで医療機関や介護福祉施設だけが握っていてブラックボックスになっていた、医療福祉介護サービスを受けた履歴が全て可視化され、個人が持ち運べるようになります。

　もちろん、現場の一次情報でしかわからない情報は多分にありますが、客観的な情報はすぐに持ち運べるので、ソーシャルワーカーの「支援記録を他機関に情報共有する」という役割が相対的に減っていきます。

AIで「思考」も外部化される

そのうえ、生成 AI により脳の機能を補えるようになりました。インターネットが情報を民主化したのに対して、**AI は「知的生産」を民主化**しています。

人間の「記憶」「思考」「行動」という 3 つの認知プロセスのうち、インターネットは「記憶」を完全に外部化できたものの、「思考」については一部の人しかうまく活用できない状況でした。

一方で AI は情報を自分にあった形に加工して、意思決定するためのサポートをしてくれます。技術によって「思考」についても外部化できる社会環境になったことがソーシャルワーク 3.0 と 4.0 の決定的な違いです。

行動の伴走者がソーシャルワーカーの役割

そのため、ソーシャルワークに期待される役割は、「意思決定支援」や「紹介」から、具体的な「行動の伴走者」に変わっていくと思います。

AI が「こうするのが最適だよ」と教えてくれても、実際に行動するうえでは不安があったり、やる気になれなかったりするものです。そこに人間が介在する価値があります。さらに、目の前の人に足りない社会資源があれば、AI なども使いながら一緒に社会資源を作ることもできます。

例えば、RIZAP などのパーソナルジムのトレーナーさんを想像してみてください。彼ら彼女らの仕事は何でしょうか？　筋トレ

の専門知識があり、自らも研鑽していて、顧客から尊敬され信頼を獲得しています。

　一見、筋トレの方法を教えること、メニューを考えること、と思えるかもしれません。もちろん顧客に合わせてトレーニングのメニューを考えて提案したり、筋トレのフォームを修正したりすることもありますが、今は体組成計や筋トレメニューを提案するAIも発展しています。

　筋トレの方法はYouTubeで検索すれば、わかりやすくプロのトレーナーさんが教えてくれます。そのため、実際に筋トレをする場面で主にしていることは「数を数える」「励ます」「見守る」といったことです。

「数えるくらいなら、自分でもできるし人間なんていらないのでは？」と感じるかもしれません。ですがその価値に何十万円も払う人が多くいるのが、パーソナルトレーナーの価値を証明しています。つまり、人間はダイエットのために「こういう方法が最適だ」ということがわかっていても、実践できない人が多いということです。

　つい、筋トレをサボってしまったり、10回ではなく5回で妥協してしまったり、ジムに行くモチベーションが続かなくなったりしてしまいます。ところがパーソナルトレーナーがいると、「あの人と約束したから、ちゃんとやらないと」「応援してくれているから、あと1回がんばろう」と実践できるものです。

障害福祉の場面でも、「何度説得しても障害年金の申請をしてくれなかった人が、信頼している支援者のＡさんが相談に乗ったら申請する気になってくれた」といった経験がある方は多いのではないでしょうか。あくまで一例ですが、このような「行動の伴走者」としての側面が強くなってくるのだろうと思います。

ソーシャルアクションへの期待も高まる

　そしてもう一つ、「ソーシャルアクション（Social Action）」の比重も増えてくるだろうと思います。

　ソーシャルアクションとは、社会福祉制度の創設や制度の改善を目指し、社会に働きかける活動です。

　現場での支援や活動を通じて、さまざまな方に共通する問題や課題を発見し、社会に問題提起を行っていきます。

　具体的には、ロビー活動、署名運動、デモ活動、SNSでのキャンペーン、イベント開催、アート制作などがあります。

　日本では、「ソーシャルワーカーがソーシャルワークを実践できていない」といわれています。

　その理由は、資格労働者として決められた枠組みのなかで言われたことをやる支援者が多いことや、障害者総合支援法などにより書類作成が主な仕事となり、支援やソーシャルアクションの時間的余裕が現場にないことが指摘されています。

ですが、生成 AI により個人にできることが増えてきたことで、ソーシャルアクションもできることが広がっています。

絵本を作る、音楽を作る、映像作品を作る、といったことも、一昔前は専門家に高い報酬を支払わないと難しかったかもしれないですが、今では 1 人ですぐに挑戦することができます。

SNS の力で似たような問題意識を持つ仲間を増やしていくことも可能です。

たった 1 人のソーシャルワーカーの問題意識が、国や自治体、大手企業の意思決定を動かすこともできる時代になってくると思います。

第 5 章のまとめ

☑ ソーシャルワークは、個人と社会の関係性にアプローチして人を支援する社会科学

☑ 生成 AI により、障害のある方のリカバリー（自分らしい生き方の追求）に向けた支援がより広まる

☑ 生成 AI が思考を代行できるようになり、AI 時代のソーシャルワーカーの役割は「行動の伴走者」になる

第**6**章

障害福祉業界の
DX・AI活用の現状

この章では、パパゲーノが実施した就労継続支援B型事業所で働く支援者へのアンケート調査の結果をもとに、障害福祉業界のDX・AI活用の現状を分析していきます。

第6章で考える問い

- 障害福祉施設ではどの程度ITツールやAIが活用されている？
- 障害福祉施設で働く支援者はどんな想いで仕事をしている？
- IT活用は障害福祉施設で働く支援者の従業員満足度にどんな影響を与えている？
- 障害福祉業界のDX・AI活用を推進するには何が必要？

障害当事者の
AIの活用状況と捉え方

　パパゲーノ Work & Recovery に通所する利用者 21 名に任意回答でアンケート調査をしたところ、生成 AI の活用状況は次の通りでした。

　仕事で「非常に良く使っている」「時々使っている」と回答したのが「76.2%」で、日常生活に生成AIを「非常に良く使っている」「時々使っている」と回答したのが「62.1%」でした。AI が障害のある方にとって日常生活を支えるツールにもなっていることが伺えます。

生成AIを使って自分の可能性が広がったと感じたこと

　実際に AI を使ってどう可能性が広がったと感じているか聞いてみたところ、以下のような回答でした。やりたいことを実現したり、苦手を補ったり、相談先として使ったりと多様な活用方法を実践している様子が伺えます。

- 仕事が圧倒的に速くなった
- 悩み相談をすることでメンタルが少し安定するようになった
- 自分の苦手なことを補完してくれるため、やってみたいけどで

きなかったことができるようになった

- 文章を書くのが苦手だったが、文章を整えて投稿できるように
なった

- パパゲーノの作業時に分からないところを遠慮なく質問できる
ようになった

- 仕事相談 BOT は便利なので、今後社会に広まっていくと思う

- ホームページ制作などをするときに HTML コードを書いても
らうことでデザインの幅が広がったり、あるいは記事を書いた
りと自分の力だけではできないことができるようになった

- 昔学習してほとんど思い出せないプログラミング言語でも、そ
つなくコーディングできるようになった

- 多角的な視点で意見が聞ける

- 妄想、想像したことをなんとなく形にしてくれる

- 気軽に聞けるため、自己学習の可能性が広がった

- 主治医やカウンセラー、行政以外に頼れるパートナーができた

- 仕事で質問するときは、とても有用なツールだと感じている

- 対話形式なので、「一つ前の出力結果の、この〇〇はなぜ△△で
すか」などと打つことで、細かい情報も拾いやすい

- Google で検索するより局所的な情報が手早く把握できる。そ
の結果、自分の学習ペースで理解促進ができる

- 「答えに至るまでの中間推論ステップを明らかにしてください」
と打つと、ChatGPT 内でどういう思考プロセスを経て、なぜそ
の出力結果になったのかが具体的に説明される。それを見るこ
とで自分の足りてない視点が分かったりその工程を自ら応用し

たりもできる

- Copilot で、「クオッカという動物と狐とかけ合わせた動物の可愛いイラストを作成してください」という文言を入れてイラストを作ってもらって、良いイラストができたときには生成 AI の可能性を感じた

生成 AI を使って不安に感じたこと

また、AI に対する不安点としては以下のような声がありました。「情報漏洩」「正確性の不安」「アイデンティティの喪失や仕事を奪われる恐怖心」などが挙げられています。

- 情報漏洩が不安
- フェイク画像や映像に使われたら怖い
- 提示してくれる情報が必ずしも正しいとは限らない
- 間違った回答をされたとき、さらなる相談先があったほうがよい
- 日に日に精度が進化しているとはいえ、プロンプトによっては「あれ」や「その」などの指示語が上手く伝わってなかったりして、結果とんちんかんな回答になったりする
- 必ずしも全てが正しいわけではない。音楽などの著作権についてはどう使えばいいのか不安と思うことがある
- ハルシネーションの対応方法が心配なので、学べるタイミングがほしい

- AI はあまり否定しないので、問題点が合っているかどうかわからない場合がある

- 人間よりも優れる点が増えていくなかで、自分が必要とされる場所がなくなってしまうのではないかと不安に感じることがある

- かつて computer とは「計算する物」ではなく「計算する人」を表す言葉だったように、コードを書いてお金をもらう「コーダー」という職業は近々失われるであろうこと

- 自分が明るくない分野（プログラミングなど）だと実際に正しい情報なのか分かりづらく、結局 Google 検索して答えを探すはめになる

障害福祉は
もっともDXが遅れている業界

　生成AIにより障害のある方の可能性が広がり、障害者支援・障害福祉の新しい形がこれから広まっていくことは不可逆な流れだと思います。しかしながら、現状の福祉業界はDXがなかなか進んでいません。総務省の調査では、産業別に見たDXの取り組み状況としては全ての業界のなかで「医療・福祉」業界はもっともDXが遅れていることがわかっています。

　パパゲーノが運営するパパゲーノAI福祉研究所が2024年8月に全国の就労継続支援B型で働く職員を対象に実施した「就労継続支援B型事業所におけるIT活用の実態調査（n=400）」の結果を分析してみても、障害福祉業界でのAI活用は課題が山積みであることが伺えます。以下に結果の概要を紹介します。

調査結果をまとめたプレスリリースはこちら

https://prtimes.jp/main/html/rd/p/000000014.000098762.html

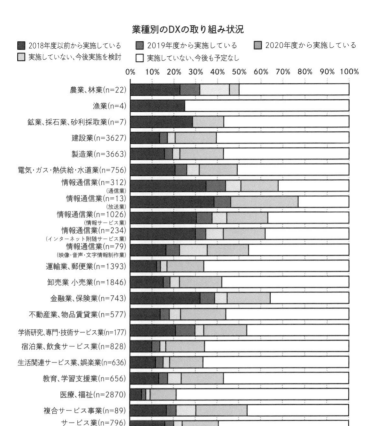

(出所:総務省「デジタル・トランスフォーメーションによる経済へのインパクトに関する調査研究(2021年3月)」)

支援者の70.5%はほぼ毎日仕事でPCを利用

障害福祉施設で働く支援者の70.5%はほぼ毎日仕事でPCを利

第 6 章　障害福祉業界のＤＸ・ＡＩ活用の現状

用していました。逆にいうと約3割はパソコンを使用していないということになります。事業所によっては社用パソコンがそもそもない、Wi-Fiが使えないということも少なくありません。

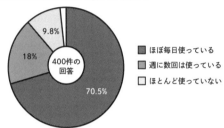

支援者のPC使用の割合
あなたは普段の仕事でパソコンを使っていますか？

支援記録は18.8%が紙、36.5%がオフィスソフトを利用

支援記録は18.8%が紙媒体で、36.5%はWord、ExcelやGoogleスプレッドシートなどのオフィスソフトを利用していました。

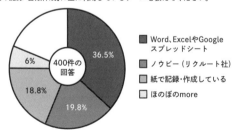

支援を記録する際の利用ツールの割合
あなたの事業所で「支援の記録・書類作成」に主に利用しているツールを教えてください。

支援記録の専用ソフトも民間企業が多く提供していますが、自治体ごとの独自ルールが横行していて「障害のある人には電子署名をする能力がない」という偏見から障害者の電子署名を認めていない自治体も多いです。

　今でも紙で記録をとったり、オフィスソフトで作成した支援計画を印刷して紙媒体で手書きのサインをもらい紙保管せざるを得ない環境に追い込まれている事業所が多いです。

40%が勤怠を紙に手書きして集計

　多くの自治体がサービス提供実績記録表という通所の実績をまとめた書類に本人の手書きサインをもらうルールにしており、電子化を認めていません。そのため、40%が勤怠を紙に手書きして集計しています。毎月管理者が紙の記録から Excel に転記作業をしているケースが多いです。

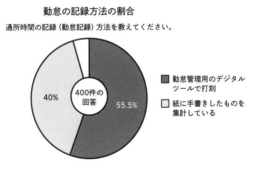

勤怠の記録方法の割合
通所時間の記録（勤怠記録）方法を教えてください。

第6章　障害福祉業界のDX・AI活用の現状

46.5%が利用者への工賃支払いが「現金手渡し」

利用者に毎月支払う工賃については46.5%が現金手渡しとなっています。毎月計算した工賃の現金を封筒に入れて、間違えないように手渡しする作業に多くの時間を要している事業所が少なくありません。

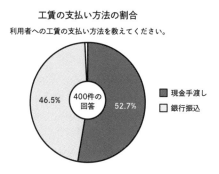

工賃の支払い方法の割合
利用者への工賃の支払い方法を教えてください。

34%がチャットツールを導入していない

社内のコミュニケーションにSlack、ChatWork、LINE WORKSなどを使うことが企業では増えてきていますが、福祉業界ではチャットツールを導入していない事業所が「34%」となっています。

パパゲーノWork & RecoveryではDiscordというチャットツールを活用して、利用者さんとも、スタッフ同士も円滑にコミュニ

ケーションをとっています。そのため、OpenAI の API で Discord と連携し、Discord に AI チャットボットを作ることも容易にできます。ですが、チャットツールをそもそも導入しておらず、電話や FAX、紙のメモでの情報伝達を中心にしている事業所だと AI を使い始めるうえでも大きな障壁となります。

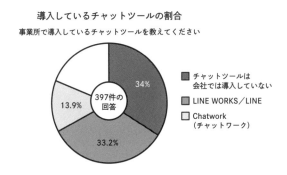

IT スキル研修は 78.8% が実施していない

78.8% の事業所は IT スキルに関するスタッフ向けの研修を実施していません。IT 活用、DX やリスキリングについて注目は集まっているものの、支援現場で働く人に IT を学ぶ機会が依然として多くないのが現状です。

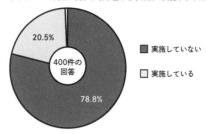

ITスキル研修実施の割合

直近1年以内に、ITスキル・ITリテラシーの向上に関する取り組みを事業所で実施しましたか？

ChatGPTなどのAI（LLM）は81.8%が使っていない

ChatGPTなどのAIを使っている人は「ほぼ毎日使っている」が5.8%、「週に数回は使っている」が12%という結果でした。生成AIに興味のある方は多いものの、支援現場で活用しているケースは多くないのが現状です。

ChatGPTなどのAI利用の割合

あなたは普段の仕事でChatGPTやGeminiなどのLLM（生成AI系サービス）を使っていますか？

ITツールを活用して解決したい課題

ITツールを活用して解決したい課題としては以下のような声がありました。

- IT に対する知識、経験が少ない従業員が多いため、基礎的なところから始めなくてはならない
- パソコンは苦手なので紙の媒体で良い
- それ以前に IT ツールを使える人材が非常に少ない
- 行政への提出書類などの効率化を図りたい
- 紙からデータでの記録に変えて他部署への情報共有の円滑化
- 他事業所とのやり取りにおいて、Fax や電話だけでなくもっと IT ツール（チャットツール、Spir など）を使って効率化したい
- 利用者さんの情報はひとつなのに、記載するシートがバラバラだから情報の統合を人がやっている。ここに非効率さを感じる
- Wi-Fi すらないため、便利になるものがあるなら入れてほしい
- 非常に作業量の多い、工賃実績や生産活動の収支報告が簡単に作成できるようにしたい
- スマートフォンを活用した適宜にして簡易な記録システム構築
- 業務効率化、在庫管理、勤怠管理、経理業務の負担軽減
- 業務時間の短縮と事務作業の効率化を図りたい
- 困難事例への対処を AI に質問して参考にしたい

障害福祉施設で働く人の リアルな声

「就労継続支援B型事業所におけるIT活用の実態調査（n=400）」
では、ITツールの活用度合いと、従業員満足度（eNPS）の関連も
調査しました。NPSとはネットプロモータースコアの略で、人に
どれくらいおすすめしたいかを10段階の数字で質問する調査方
法です。eNPSは従業員に対して「自分の会社で働くことを、知
人にどれくらいおすすめするか？」と聞いて従業員満足度を調べ
る方法です。

就労継続支援B型の支援員のeNPSは「-22.75」

就労継続支援B型事業所で働く支援者（スタッフ）のeNPSは
「-22.75」でした。推奨者、中立者、批判者の割合は下記の表の
通りです。批判者の割合が400名のうち177名と44.25％でもっ
とも多い結果となりました。

支援者のeNPS(従業員満足度)調査の結果

eNPS	回答数	全体割合
推奨者	86	21.50%
中立者	137	34.25%
批判者	177	44.25%
合計	400	100.00%

$$\underset{21.5}{\text{推奨者}} - \underset{44.25}{\text{批判者}} = \underset{-22.75}{\text{eNPS}}$$

職場を推奨する人の理由

- 人間関係が良好で、残業などがないので不満がない
- 利用者さんに感謝される
- 労働環境が民主的
- 休みが多い
- 働きやすいし休みも多い
- とても待遇が良く職場環境が明るい
- 最高の事業所
- 楽しく働いてもらえる環境と信じている
- 障害を持っているが、スタッフがみんな優しく、配慮してくれる
- 地域で一番利用者さんのことを考えている事業所だから
- 人間関係が円滑である
- 和気あいあいとして良い事業所だから
- 働きやすい環境だから
- やりがいがあり、スキルアップ向上につながるから
- 最新のテクノロジーを活用したB型事業所だから
- アナログな方法が多いが、日々業務改善に取り組み、働きやすい環境を目指して取り組みを進めているから
- おいしいチョコレートを試食できる
- おいしいパンの作り方を習得できる
- コーヒー好きにはたまらない職場です
- 土いじりをすると心もリフレッシュされる
- 女性が好きな仕事の種類が多い

職場を批判する人の理由

- 社長の気分で事業内容が代わり、支援者と支援対象者が振り回される形になっているため
- 経営者と従業員の理解に乖離がある
- 劣悪な賃金、ワンマン零細
- 精神的に辛い、精神的にハード
- 会議が多すぎる
- 給料が安い
- やることに対しての賃金が低すぎる
- 雇用契約内容と実務が大幅に違う
- 自分が働いている事業所を知人に教えることに若干抵抗がある
- 知り合いと一緒に働きたくない
- 人数が少なくギリギリの経営をしている
- IT化が進んでいない
- 体制が整っていない
- 方針が沿わない
- 組織としてリスクマネジメントができていない

IT・AI活用で従業員満足度は上がるのか?

　t検定の結果、ツールを用いて通所時間の記録（勤怠記録）を管理している事業所、工賃を銀行振込で支払っている事業所、直近1年以内にITスキル・ITリテラシーの向上に関する取り組みを行っている事業所、チャットツールを使用している事業所において、

従業員満足度（eNPS）が統計的に有意に高いことが示されました。

相関分析の結果、「ITの導入による業務効率の向上」は「年齢」と負の相関を持つことが示されました（r = -0.102, p < 0.05）。
「ITによるコミュニケーションの向上」も「年齢」と負の相関を示しました（r = -0.142, p < 0.01）。
「ITの導入による支援の質の向上」についても「年齢」と負の相関が認められました（r = -0.115, p < 0.05）。
さらに、「ITによるコミュニケーションの向上」と「福祉施設での勤続年数」には負の相関が見られました（r = -0.106, p < 0.05）。

重回帰分析の結果、「ITの導入による業務効率の向上」と「ITによるコミュニケーションの向上」は、従業員満足度（eNPS）の約20%を説明していることが示されました（R^2 = 0.211, Adjusted R^2 = 0.205）。回帰式は以下の通りです。

従業員満足度（eNPS）を説明する回帰式

eNPS=4.028+0.168×「ITの導入による業務効率の向上」+0.261×「ITによるコミュニケーションの向上」

以上の分析結果より、ITの活用が障害福祉施設の従業員の満足度を高めている可能性が示唆されました。
一方で、AIツール（ChatGPTなどのLLM）に関しては統計的に有

意な結果が得られませんでした。

　また、年齢が高い従業員ほど、IT による業務効率化やコミュニケーションの向上を実感していない傾向が見られました。これは、年齢が高い従業員が IT ツールを使いこなせておらず効果を実感できていない現状を示しているかもしれません。

AI を手軽に使えて自治体の独自ルールに対応できるように

「ソーシャルワーク 4.0」に向けて支援現場で生成 AI の活用を進めていくうえでは、

●パソコンが苦手なスタッフが多い職場でもスマホなどで手軽に使えること
●自治体や事業所ごとの独自の書類やルールに対応できること

　この 2 点が鍵になると考えています。

　そのためパパゲーノでは、支援現場で培った知見を凝縮させて「AI 支援さん」というソフトウェアを開発し、杉並区（自治体）、相談支援事業所、就労継続支援 B 型、放課後等デイサービスなどで使っていただいています。
　音声を録音するだけで、会話の内容を全て文字起こししたうえで要約して面談記録を作ったり、任意のフォーマットで書類を自

動生成できるツールを月額1万円から利用できます。2024年3月にプロトタイプ版をリリースしてから、少しずつ支援現場の声を聞いて改善を重ねています。

「AI支援さん」のようなツールが、DXが遅れる障害福祉業界でもテクノロジーの活用が進む一つのきっかけとなり、その先で障害のある方の可能性が広がっていくことを心より願っています。

第6章のまとめ

☑ 自治体の独自ルールやWi-Fi、パソコンなどのITインフラが不足しており、全ての産業のなかでもっともDXが遅れている

☑ ChatGPTなどのAI（LLM）は81.8%が使っていない。40%が勤怠を紙に手書きしており、アナログな支援現場が依然として多い

☑ ITの活用によるコミュニケーションの円滑化や業務効率化が従業員の満足度には好影響を与えている

☑ 一方で、年齢が高いスタッフはITツール導入の効果を実感できていない

☑ 障害福祉のDXを進め「ソーシャルワーク4.0」を実現していくには、ITリテラシーが高くない方でも簡単に使えて、自治体や事業所独自の書類作成などに対応したツールが求められる

第6章　障害福祉業界のDX・AI活用の現状　　245

おわりに

リカバリーの社会実装に向けて

「ソーシャルワーク 4.0」という概念を作り、パパゲーノ創業から 3 年間の実践と、さまざまな障害当事者との対話を 1 冊の書籍として本書にまとめてきました。

「リカバリー」と「AI」が融合する言葉を作ることが、「リカバリーの社会実装」に大きく寄与すると考えたためです。

AI は単なる効率化ツールではなく社会資源

本書でもっとも伝えたかったのは、障害のある方ご自身が社会資源として AI を使いこなし、可能性を広げていくという未来像です。AI を取り入れることで「書類作成の時間が短縮できる」「コストの削減ができる」などは確かに大きな成果ではあります。

2025 年問題で、国民の 5 人に 1 人が後期高齢者（75 歳以上）の超高齢化社会を迎え日本の医療介護福祉の予算が削減されていくなかで、障害福祉も AI やテクノロジーによる生産性向上が求められていることは自明です。

しかし、その一歩先にある「障害のある方が AI などの社会資源を上手に頼り、自分らしい生き方を追求しやすくなる社会」こ

そ、ソーシャルワーカーが目指すべきものだと僕は考えています。そこに興味を持つ人を1人でも多く増やすことが本書の目的です。

例えば、AIがあれば、文章を書くことや情報検索が苦手だった人もスムーズに自分の想いやアイデアを形にできます。パソコン操作が難しかった人でも、音声、画像、動画など、多様なインターフェースを使ってAIに指示が可能です。視覚障害のある方がスマホのカメラで映した映像をAIに読み取らせて、目の前に何があるかをAIに教えてもらうこともできます。

日常生活や就労面で困難を感じていたことも、「誰かにやってもらう」から「AIの力を借りて自分でできる」に変えていける。

これこそが、障害福祉業界にAIがもたらす革命です。

「AIを使えば、あの人のできることを増やせるかも？」

ソーシャルワーカーが「利用者がAIとともに挑戦できる環境を整え、伴走する」立場に立つことで、本人の「できること」は想像以上に広がっていきます。

リハビリテーションの時代から、ソーシャルワークは徐々に「社会モデル」「ストレングスモデル」を強め、障害当事者の自分らしい生き方の回復を最大限尊重する「リカバリーモデル」へと変わってきました。

「ソーシャルワーク4.0」は、障害のある方が「こう生きたい」という希望を、AIという強力な社会資源を使い自ら形にしていく

おわりに　247

時代です。「AIを使えば自分にもできるんだ」と、本人が体感できたときの喜びは、支援者が代わりにやってあげることとはまったく違う力を生みます。その小さな成功体験や自己効力感が「リカバリー」を加速させ、自分の生き方をより主体的にデザインしていく原動力になるのです。

　本書でご紹介した知見や事例から「AIを使えば、あの人のできることを増やせるかも？」と考えを膨らませて、実践につなげていただきたいです。

本書が小さな実践につながることを願って

　僕たちソーシャルワーカーは、最新のテクノロジーを、利用者が望む未来を具体化するための「社会資源」としてどう活用できるかを学び、実践し続ける必要があります。
　利用者が新しいツールの使い方を学ぶ支援や、信頼関係がもたらす安心感、「自分もやってみよう」と一歩踏み出せるような関わり、どのラインならリスク許容度の範囲内で挑戦できるかの判断など、より細やかな「行動への伴走」が求められます。

　言うは易しですが、ゼロリスク志向な文化が根強い日本の障害福祉施設で実践するのは、相当にハードルの高いことでしょう。
　本書の事例や提案をヒントに、障害のある方がAIを使いこなして輝く未来を具体的にイメージし、その実現に向けて一歩でも

248

踏み出していただけたら、これ以上に嬉しいことはありません。

　テクノロジーの波が訪れている今こそ、「リカバリーの社会実装」が進む、またとない機会です。まずは生成 AI に触れてみて、小さな実践につなげていただけたらと思います。

　また、障害福祉の未来について、僕と語り合いたい方は気軽にご連絡ください。共に考え、実践していく仲間を増やしていきたいと考えています。「パパゲーノ Work & Recovery」や「AI 支援さん」に興味がある方も、気軽にお問い合わせください。最後まで読んでいただきありがとうございました！

2025 年 3 月
株式会社パパゲーノ代表取締役
田中　康雅（やすまさ）

AI 用語辞典

・人工知能（AI：Artificial Intelligence）

　コンピューターが人間のように考えたり学んだりする技術のこと。人間が与えたデータを学んで、最適な答えを見つけたり、未来を予測したりすることができる。

・生成AI（Generative AI）

　新しいものを生成することができる AI のこと。一般的な AI は、ユーザーが与えたデータを分析して答えを出すが、生成 AI は自分で文章を書いたり、絵を描いたり、音楽を作ったりできるのが特徴。文章生成、画像生成、音楽生成、動画生成など多様な生成 AI のサービスが生まれてきている。

・大規模言語モデル（LLM：Large Language Model）

　大規模言語モデル（LLM）は、大量のテキストデータを使ってトレーニングされた AI モデルで、自然言語を理解し、生成することができる。これにより、文章の生成や要約、翻訳、質問応答、プログラミングのコード生成など多くの言語処理タスクをこなすことができる。代表的なものに ChatGPT で使われている GPT（Generative Pre-trained Transformer）や、Anthropic 社が提供する Claude、Google 社が提供する Gemini などがある。

・ChatGPT

ChatGPT は、OpenAI が開発した大規模言語モデルの一種で、会話に特化した AI システム。人間と自然な形で対話することができ、質問に答えたり、アドバイスを提供したりする。GPT は GPT（Generative Pre-trained Transformer）の略。

・OpenAI

OpenAI は、人工知能（AI）の研究と開発を行う企業。本社はアメリカ・カリフォルニア州のサンフランシスコ。2015 年に非営利団体として設立され、2019 年に商業部門として OpenAI LP という「有限利益法人（capped-profit organization）」が設立されている。OpenAI LP には Microsoft が 2023 年に大規模な投資を行い、OpenAI の AI 技術を自社製品（Azure や Microsoft 365 など）に統合している。

・ハルシネーション

AI モデルが不正確または事実に基づかない情報を生成する現象のこと。ChatGPT のような大規模言語モデル（LLM）が文脈に基づいて自然な文章を生成する際に、実際には存在しない情報や誤った内容を回答する場合を指す。例えば、実際には存在しない事実を述べる、歴史上の出来事を誤って説明する、実在しない人物や本を作り出してしまうなど。

・プロンプト（Prompt）

　AI モデル（特に生成AI）に与える指示や質問。AI がどのような応答や結果を生成するかを決定する重要な要素となる。「今日の天気を教えてください」「次の文章を英語に翻訳して」など。

・API（Application Programming Interface）

　異なるソフトウェア同士が情報をやり取りし、機能を共有するためのインターフェース。「Application Programming Interface」の略。例えば OpenAI は API で、OpenAI が提供する AI モデルにアクセスできるインターフェースを提供している。ユーザーは API を使用してテキスト生成、翻訳、要約、画像生成などのタスクを自分のアプリケーションの裏側で動かすことができる。

・Google Apps Script（GAS）

　Google が提供するクラウドベースのスクリプト言語。Google Workspace のアプリ（Google スプレッドシート、Google ドキュメント、Google フォーム、Gmail など）の自動化や拡張機能を作成できる。JavaScript に基づいている。外部の API とも簡単に連携してデータの取得や処理を行える。

参考文献・関連リンク

■パパゲーノ社のプレスリリースなど

- 就労継続支援 B 型事業所における IT 活用の実態調査（n=400）｜パパゲーノ AI 福祉研究所

  https://docs.google.com/presentation/d/1BH6T55jXYsguJo1DcSUqhNXKNM8DX-dhm3ylenkp6iE/edit#slide=id.p

- 数字で見るパパゲーノ Work & Recovery（就労継続支援 B 型）

  https://docs.google.com/presentation/d/1XKZPWF3eK_XLyyBu1rOWaLhD2u4Sq7mMS5uHdWFWhOY/edit#slide=id.g27891612c64_0_31

- 【開催報告】AI 福祉ハッカソン 2024 〜プロトタイプを開発しよう！〜

  https://papageno.co.jp/ai-fukushi2024/

- AI で福祉の変革に挑むスタートアップの資金調達の裏側【就労 B 開所 9 ヶ月で上場企業と資本業務提携】

  https://prtimes.jp/story/detail/B5wn1pHAQqr

- スマホで福祉 DX ！　音声解析 AI 支援記録アプリ「AI 支援さん」をリリース

  https://prtimes.jp/main/html/rd/p/000000012.000098762.html

- 【9 月 OPEN】IT 系の就労継続支援 B 型「パパゲーノ Work & Recovery」を八幡山のオフィスビルに新規開所

  https://prtimes.jp/main/html/rd/p/000000011.000098762.html

- パパゲーノ Work & Recovery【音楽生成 AI で制作した楽曲】

  https://www.youtube.com/watch?v=8xkdcRH91eY

■民間企業の資料など

- 厚生労働省：令和 4 年度工賃（賃金）の実績について

  https://www.mhlw.go.jp/content/12200000/001220331.pdf

- 厚生労働省：障害福祉行政の最近の動向（令和 6 年度報酬改定を中心に）

  https://tosinren.or.jp/202309_fukushikoza230908_summary.pdf

- 就労継続支援事業における生産活動の活性化に関する調査研究

  https://www.mhlw.go.jp/content/12200000/001248340.pdf

- 神奈川県：令和 5 年度工賃（賃金）実績状況（概要）

  https://www.pref.kanagawa.jp/documents/112484/r5kouchin-gaiyou.pdf

- 公益社団法人 日本社会福祉士会「ソーシャルワーク実践における デジタル技術の活用促進に関する 調査研究事業」（2023 年 3 月）

  https://www.mhlw.go.jp/content/12200000/001142045.pdf

- エクサウィザーズ「生成 AI の利用実態調査」（2024 年 12 月 23 日）

  https://exawizards.com/archives/28801/

- PwC「生成 AI に関する実態調査 2023」

  https://www.pwc.com/jp/ja/knowledge/thoughtleadership/2023/assets/pdf/generative-ai-survey2023.pdf

- 松尾研究室「生成 AI の技術動向と影響」

https://www.mhlw.go.jp/content/11601000/001125241.pdf

* ゴールドマン・サックスが 2023 年 3 月 27 日に発表した「The Potentially Large Effects of Artificial Intelligence on Economic Growth」
* スタンフォード大学が 2023 年 4 月に発表した論文
* 「Erik Brynjolfsson, Danielle Li, Lindsey R. Raymond, "GENERATIVE AI AT WORK"」
* 「Shakked Noy, Whitney Zhang (MIT) "Experimental Evidence on the Productivity Effects of Generative Artificial Intelligence"」
* Bakhshi, H., Downing, J., Osborne, M. and Schneider, P. (2017) ., The Future of Skills: Employment in 2030. London: Pearson and Nesta. Oxford Martin School
* Frey, C. B., & Osborne, M. A. (2013) . The future of emplyment: how susceptible are jobs to computerization, 1-72.
* OECD (2021), Artificial Intelligence and Employment, NEW EVIDENCE FROM OCCUPATIONS MOST EXPOSED TO AI, POLICY BRIEF ON THE FUTURE OF WORK December 2021, OECD
* AI and disability: A systematic scoping review
  https://journals.sagepub.com/doi/full/10.1177/14604582241285743?rfr_dat=cr_pub++0pubmed&url_ver=Z39.88-2003&rfr_id=ori%3Arid%3Acrossref.org
* Large Language Models and Empathy: Systematic Review
  https://pubmed.ncbi.nlm.nih.gov/39661968/
* 『10 年後に食える仕事 食えない仕事：AI、ロボット化で変わる職のカタチ』（東洋経済新報社）
* 『ソーシャルアクション・モデルの形成過程：精神保健福祉士の実践を可視化する』（法律文化社）
* 『図解でわかるソーシャルワーク』（中央法規出版）
* 『ソーシャルワーカーのミライ──混沌の中にそれでも希望の種を蒔く』（生活書院）
* 『漂流するソーシャルワーカー ──福祉実践の現実とジレンマ；フクシジッセンノゲンジツトジレンマ』（旬報社）
* 『働くこととリカバリー：IPS ハンドブック』（クリエイツかもがわ）
* 『Q&A で理解する就労支援 IPS - 精神疾患がある人の魅力と可能性を生かす就労支援プログラム』（EDITEX）
* 『IPS 援助付き雇用：精神障害者の「仕事がある人生」のサポート』（金剛出版）
* 『ChatGPT 時代の文系 AI 人材になる』（東洋経済新報社）
* 頭がいい人の ChatGPT & Copilot の使い方（かんき出版）
* 『Google Apps Script × ChatGPT のツボとコツがゼッタイにわかる本』（秀和システム）
* 『生成 AI で世界はこう変わる』（SB クリエイティブ）
* 『超 AI 時代の生存戦略──シンギュラリティ <2040 年代 > に備える 34 のリスト』（大和書房）

[著者] 田中康雅（たなか・やすまさ）

株式会社パパゲーノ代表取締役 CEO
ヘルスケアスタートアップでの事業開発、神奈川県立保健福祉大学大学院ヘルスイノベーション研究科でのメディアと自殺に関する研究を経て、2022年に株式会社パパゲーノを創業。精神・発達障害のある方が企業のDX支援をする就労支援施設を作り、生成AIなどを活用して多様な挑戦を支援。2024年3月に「AI支援さん」をリリース。介護、福祉、産業保健など多くの支援現場のDXに伴走。

- X（旧 Twitter）
  https://x.com/yasumasa1995

- Instagram
  https://www.instagram.com/yasumasa.tanaka/

- note
  https://note.com/yasumasa1995

- パパゲーノ公式 YouTube
  https://www.youtube.com/@papageno_jp

視覚障害その他の理由で活字のままでこの本を利用出来ない人のために、営利を目的とする場合を除き「録音図書」「点字図書」「拡大図書」等の製作をすることを認めます。その際は著作権者、または、出版社までご連絡ください。

生成AIで変わる障害者支援の新しい形
ソーシャルワーク4.0

2025年3月21日　初版発行

著　者	田中康雅
発行者	野村直克
発行所	総合法令出版株式会社
	〒103-0001　東京都中央区日本橋小伝馬町15-18
	EDGE小伝馬町ビル9階
	電話　03-5623-5121
印刷・製本	中央精版印刷株式会社

落丁・乱丁本はお取替えいたします。
©Yasumasa Tanaka 2025 Printed in Japan
ISBN 978-4-86280-988-9
総合法令出版ホームページ　http://www.horei.com/